U0114697

生活中的民法典：看圖學法

中華人民共和國司法部普法與依法治理局　編

　　2020 年 5 月 28 日，第十三屆全國人民代表大會第三次會議表決通過了《中華人民共和國民法典》。這是新中國成立以來第一部以"法典"命名的法律，是新時代我國社會主義法治建設的重大成果。5 月 29 日，習近平總書記在主持中央政治局第二十次集體學習時強調，民法典要實施好，就必須讓民法典走到群眾身邊、走進群眾心裏。廣泛開展民法典普法工作，闡釋民法典所蘊涵的社會主義法治精神，弘揚社會主義核心價值觀，引導群眾認識到民法典既是保護自身權益的法典，也是必須遵循的規範，養成自覺守法的意識，形成遇事找法的習慣，培養解決問題靠法的意識和能力，是全民普法的重點任務。

　　為方便廣大人民群眾學習民法典，讀懂這本"社會生活的百科全書"，司法部普法與依法治理局組織力量編寫了這本《生活中的民法典：看圖學法》，選取群眾關心的 118 個民法典熱點問題，用問答和漫畫相結合的形式，通俗易懂、深入淺出地闡釋民法典一系列新規定、新概念、新精神，希望它為群眾學習民法典、遵守民法典、運用民法典提供有益幫助。

編　者

2020 年 6 月

目　錄

Contents

第一編　總　則

第二編　物　權

第三編　合　同

第四編　人格權

第五編　婚姻家庭

第六編　繼　承

第七編　侵權責任

第一編
總　則

1. 《民法典》的總則編有什麼作用？

《中華人民共和國民法典》

　　第一條　為了保護民事主體的合法權益，調整民事關係，維護社會和經濟秩序，適應中國特色社會主義發展要求，弘揚社會主義核心價值觀，根據憲法，制定本法。

普法講堂

　　總則編是《民法典》的序言和總綱，確立了《民法典》的基本制度、框架，規定民事活動必須遵循的基本原則和一般性規則，統領《民法典》各分編。《民法典》除了總則編，還包括物權編、合同編、人格權編、婚姻家庭編、繼承編和侵權責任編。

2. 《民法典》中的平等原則是什麼？

《中華人民共和國民法典》

第四條　民事主體在民事活動中的法律地位一律平等。

第十四條　自然人的民事權利能力一律平等。

第一百一十三條　民事主體的財產權利受法律平等保護。

第一千零五十五條　夫妻在婚姻家庭中地位平等。

第一千一百二十六條　繼承權男女平等。

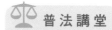 普法講堂

　　平等原則，是指民事主體在從事民事活動時，相互之間在法律地位上都是平等的，任何一方不得將自己的意志強加給對方，他們的合法權益也受到法律的平等保護。平等原則是民法的前提和基礎，是國家立法規範民事法律關係的邏輯起點。它最集中地反映了民法所調整的社會關係的本質特徵，是民法區別於其他部門法的主要標誌。

3. 《民法典》中的自願原則是什麼？

《中華人民共和國民法典》

第五條 民事主體從事民事活動，應當遵循自願原則，按照自己的意思設立、變更、終止民事法律關係。

第一千零四十六條 結婚應當男女雙方完全自願，禁止任何一方對另一方加以強迫，禁止任何組織或者個人加以干涉。

第一千一百零四條 收養人收養與送養人送養，應當雙方自願。收養八週歲以上未成年人的，應當徵得被收養人的同意。

⚖ 普法講堂

　　自願原則，也稱意思自治原則，就是民事主體有權根據自己的意願，自願從事民事活動，按照自己的意思自主決定民事法律關係的內容及其設立、變更和終止，自覺承受相應的法律後果。自願原則是對民事活動參加者內心意願的尊重，要求當事人之間通過合同等行為設立、變更或者處分一項民事權利義務的時候，既要充分表達自己的真實意願，也能夠尊重對方當事人的意願。任何人都不受強迫，同時也不能強迫他人。

4. 《民法典》中的公平原則是什麼？

《中華人民共和國民法典》

第六條　民事主體從事民事活動，應當遵循公平原則，合理確定各方的權利和義務。

第一百一十七條　為了公共利益的需要，依照法律規定的權限和程序徵收、徵用不動產或者動產的，應當給予公平、合理的補償。

第一百五十一條　一方利用對方處於危困狀態、缺乏判斷能力等情形，致使民事法律行為成立時顯失公平的，受損害方有權請求人民法院或者仲裁機構予以撤銷。

普法講堂

　　公平原則，是指民事主體從事民事活動時要秉持公平理念，公正、平允、合理地確定各方的權利和義務，並依法承擔相應的民事責任。公平原則的基本要求是：（1）民事主體享有均等的機會參與民事活動，實現自己的利益；（2）民事主體的權利和義務對等，既不能只享有權利而不承擔義務，也不能只承擔義務而不享有權利；（3）當出現不可抗力、緊急避險、顯失公平或者無法運用具體的法律規則來評判的情形時，可以根據社會公認的公平觀念來合理確定各方的權利義務。

5. 《民法典》中的誠信原則是什麼？

《中華人民共和國民法典》

第七條 民事主體從事民事活動，應當遵循誠信原則，秉持誠實，恪守承諾。

第五百條 當事人在訂立合同過程中有下列情形之一，造成對方損失的，應當承擔賠償責任：

（一）假借訂立合同，惡意進行磋商；

（二）故意隱瞞與訂立合同有關的重要事實或者提供虛假情況；

（三）有其他違背誠信原則的行為。

第五百零九條第二款 當事人應當遵循誠信原則，根據合同的性質、目的和交易習慣履行通知、協助、保密等義務。

⚖️ 普法講堂

　　誠信原則，是指所有民事主體在從事任何民事活動，包括行使民事權利、履行民事義務、承擔民事責任時，都應該秉持誠實、善意，不詐不欺，言行一致，信守諾言。誠信原則作為民法最為重要的基本原則，被稱為民法的"帝王條款"。誠實守信是市場活動的基本準則，是保障交易秩序的重要法律原則，它和公平原則一樣，既是法律原則，又是一種重要的道德規範。

6. 《民法典》中的守法與公序良俗原則是什麼？

《中華人民共和國民法典》

第八條　民事主體從事民事活動，不得違反法律，不得違背公序良俗。

第一百五十三條第二款　違背公序良俗的民事法律行為無效。

普法講堂

　　守法與公序良俗原則，是指自然人、法人和非法人組織在從事民事活動時，不得違反各種法律的強制性規定，不得違背公共秩序和善良習俗。公序良俗是由"公共秩序"和"善良風俗"兩個概念構成的，要求民事主體遵守社會公共秩序，遵循社會主體成員所普遍認可的道德準則。由於立法當時不可能預見一切損害國家利益、社會公益和道德秩序的行為而作出詳盡的禁止性規定，因此公序良俗原則可以彌補禁止性規定的不足。公序良俗是建設法治國家與法治社會的重要內容，也是衡量社會主義法治與德治建設水準的重要標誌。公民在進行民事活動時既要遵守法律的規定，又要符合道德的要求。

7. 《民法典》中的綠色原則是什麼？

《中華人民共和國民法典》

第九條　民事主體從事民事活動，應當有利於節約資源、保護生態環境。

第二百九十四條　不動產權利人不得違反國家規定棄置固體廢物，排放大氣污染物、水污染物、土壤污染物、噪聲、光輻射、電磁輻射等有害物質。

第五百零九條第三款　當事人在履行合同過程中，應當避免浪費資源、污染環境和破壞生態。

第一千二百三十二條　侵權人違反法律規定故意污染環境、破壞生態造成嚴重後果的，被侵權人有權請求相應的懲罰性賠償。

普法講堂

　　綠色原則，是指民事主體從事民事活動，應當有利於節約資源，保護生態環境。綠色原則是《民法總則》新確立的一項基本原則，《民法典》予以承繼，它體現了黨的十八大以來的新發展理念，是具有重大意義的創舉。這項原則既傳承了天地人和、人與自然和諧相處的傳統文化理念，又體現了新的發展思想，有利於緩解我國不斷增長的人口與資源生態的矛盾。在《民法典》的物權編、合同編和侵權責任編等相關法律制度中都體現了綠色原則。

8. 胎兒能繼承遺產嗎？

《中華人民共和國民法典》

第十六條 涉及遺產繼承、接受贈與等胎兒利益保護的，胎兒視為具有民事權利能力。但是，胎兒娩出時為死體的，其民事權利能力自始不存在。

> 大伯哥，根據法律規定，我肚裏的寶寶有繼承遺產的資格。

> 我弟弟已經過世了，你肚裏的孩子沒有資格繼承我爸爸的遺產！

⚖ 普法講堂

《民法典》設立了胎兒利益特別保護制度，規定涉及遺產繼承時，胎兒視為具有民事權利能力，有繼承遺產的資格和權利。但胎兒出生時為死體的，其民事權利自始不存在。

9. 胎兒能接受贈與嗎？

《中華人民共和國民法典》

第十六條　涉及遺產繼承、接受贈與等胎兒利益保護的，胎兒視為具有民事權利能力。但是，胎兒娩出時為死體的，其民事權利能力自始不存在。

我爸爸要給我們未出世的寶寶 5 萬元作成長基金，這可以嗎？

當然可以，胎兒是能夠接受贈與的！

⚖ 普法講堂

為了最大程度地保護胎兒的利益，《民法典》規定，涉及接受贈與時，胎兒視為具有民事權利能力，有權利接受贈與。

10. 怎麼判斷未成年人是否為限制民事行為能力人？

《中華人民共和國民法典》

第十九條　八週歲以上的未成年人為限制民事行為能力人，實施民事法律行為由其法定代理人代理或者經其法定代理人同意、追認……

⚖️ **普法講堂**

隨著社會發展和互聯網的普及，現在的孩子越來越聰明，心智成熟得越來越早。《民法典》規定，八週歲以上的未成年人為限制民事行為能力人，可以獨立實施純獲利益的民事法律行為或者與其年齡、智力相適應的民事法律行為。

11. 八週歲的孩子能用利是錢買玩具嗎？

《中華人民共和國民法典》

第十九條　八週歲以上的未成年人為限制民事行為能力人，實施民事法律行為由其法定代理人代理或者經其法定代理人同意、追認；但是，可以獨立實施純獲利益的民事法律行為或者與其年齡、智力相適應的民事法律行為。

小朋友，你家長不來，我是不能把玩具賣給你的。

我今年已經八歲了，可以自己用利是錢買些小玩具了！

⚖ **普法講堂**

八週歲以上的未成年人，可以從事與自己年齡、智力相適應的活動，比如說去超市購買價值較小的生活用品與學習用品等。但這並不意味著他們可以做任何事，譬如花光自己甚至家人賬戶裏的錢去打賞主播、私自拿家裏大額的錢款購買網絡遊戲裝備等行為，就必須經過家長的同意或追認才能發生效力。

12. 具有完全民事行為能力的成年人能協商確定監護人嗎？

《中華人民共和國民法典》

第三十三條　具有完全民事行為能力的成年人，可以與其近親屬、其他願意擔任監護人的個人或者組織事先協商，以書面形式確定自己的監護人，在自己喪失或者部分喪失民事行為能力時，由該監護人履行監護職責。

我無兒無女，也越來越糊塗了，以後你就當我的監護人吧！

阿姨您放心，我一定照顧好您！

普法講堂

隨著中國老齡化趨勢越來越嚴峻，養老問題受到越來越多人的重視。《民法典》完善了監護制度，規定成年人可在具備民事行為能力時協商確定自己的監護人。

13. 村委會能夠作為民事主體對外簽訂合同嗎？

《中華人民共和國民法典》

第一百零一條第一款　居民委員會、村民委員會具有基層群眾性自治組織法人資格，可以從事為履行職能所需要的民事活動。

> 眼看這麼多水果就要爛在地裏，真是心痛！

> 村委會已經和城裏的大超市簽訂了供貨合同，大家的水果有銷路了！

⚖ 普法講堂

為了適應社會主義新農村的建設和發展，各地有不少村子引入公司化運營機制，建立了新型農村集體經濟組織。《民法典》也專門設立了“特別法人”一章，規定居民委員會、村民委員會具有基層群眾性自治組織法人資格，可以從事為履行職能所需要的民事活動。

14. 自然人享有哪些民事權利？

《中華人民共和國民法典》

第一百零九條 自然人的人身自由、人格尊嚴受法律保護。

第一百一十條第一款 自然人享有生命權、身體權、健康權、姓名權、肖像權、名譽權、榮譽權、隱私權、婚姻自主權等權利。

第一百一十三條 民事主體的財產權利受法律平等保護。

> 總的來說，每個人都享有人身權利和財產權利等。

> 老師，請問我們都享有哪些民事權利？

⚖ **普法講堂**

　　自然人享有生命權、身體權、健康權、姓名權、肖像權、名譽權、榮譽權、隱私權、婚姻自主權等人身權利，也享有物權、債權等財產權利。

15. 個人信息是否受到法律保護？

《中華人民共和國民法典》

　　第一百一十一條　自然人的個人信息受法律保護。任何組織或者個人需要獲取他人個人信息的，應當依法取得並確保信息安全，不得非法收集、使用、加工、傳輸他人個人信息，不得非法買賣、提供或者公開他人個人信息。

普 法 講 堂

　　隨著社會的發展和網絡信息時代的到來，我們在享受互聯網和移動設備帶來的便利的同時，也遭受個人信息被非法收集、使用、加工、買賣等一系列問題的困擾，因個人信息洩露而催生的網絡詐騙和信息詐騙案件逐年遞增。為了更好地保護自然人的合法權益，《民法典》規定，自然人的個人信息受法律保護。因此，任何組織或者個人不得非法收集、使用他人的個人信息。

16. 為了公共利益的需要，依照法律規定的權限和程序進行徵地時是否應給予補償？

《中華人民共和國民法典》

第一百一十七條　為了公共利益的需要，依照法律規定的權限和程序徵收、徵用不動產或者動產的，應當給予公平、合理的補償。

⚖ 普法講堂

為了公共利益的需要，國家相關機關可以依照法律規定的權限和程序對不動產進行徵收或徵用，但是應當給予不動產權利人公平、合理的補償。

17. 法律保護網絡虛擬財產嗎？

《中華人民共和國民法典》

　　第一百二十七條　法律對數據、網絡虛擬財產的保護有規定的，依照其規定。

哎呀，我被盜號了，遊戲裝備都沒了！

沒事，現在法律是保護網絡虛擬財產的！

⚖ 普法講堂

　　網絡虛擬財產具有財產的特性，其被侵犯時依法應當受到保護。近年來，隨著互聯網的發展，網絡遊戲日漸盛行。網絡遊戲賬號、網絡遊戲裝備等也在玩家的時間、精力、金錢投入下有了使用價值和交換價值，具備了財產屬性。根據《民法典》規定，民事主體的財產權利受法律平等保護。當民事主體所有的數據、網絡虛擬財產遭到非法侵犯時，法律同樣提供保護。

18. 什麼是不可抗力？

《中華人民共和國民法典》

第一百八十條 因不可抗力不能履行民事義務的，不承擔民事責任。法律另有規定的，依照其規定。

不可抗力是不能預見、不能避免且不能克服的客觀情況。

⚖ 普法講堂

　　所謂不可抗力，是指獨立於人的行為之外，並且不受當事人的意志所支配的現象，它包括某些自然現象（地震、颱風、洪水、海嘯等）和某些社會現象（戰爭等）。在法律上，不可抗力通常屬於法定的免責事由，產生行為人被免責的法律後果。不可抗力的特徵有：（1）不可抗力是不可預見的客觀情況；（2）不可抗力是不可避免並不能克服的情況；（3）不可抗力是一種客觀情況。當然，不可抗力導致免責，必須是不可抗力成為損害發生的唯一原因。因此，在發生不可抗力的時候，應當查清不可抗力與造成的損害後果之間的關係，並確定當事人的活動在發生不可抗力的條件下對與其所造成的損害後果的作用。如果當事人對損害的發生也有過錯（如洪水來臨時，未及時將堆放在低處的貨物轉移而造成貨物毀損），或者在不可抗力造成損害以後，因當事人的過錯致使損害擴大的，則不能完全免除當事人的責任。

19. 因見義勇為而受傷的，由誰承擔民事責任？

《中華人民共和國民法典》

第一百八十三條　因保護他人民事權益使自己受到損害的，由侵權人承擔民事責任，受益人可以給予適當補償。沒有侵權人、侵權人逃逸或者無力承擔民事責任，受害人請求補償的，受益人應當給予適當補償。

媽媽，叔叔為了保護我被那輛車撞傷了，怎麼辦？

肇事汽車逃逸了，我們應該給這位好心的叔叔適當的醫藥費補償。

普法講堂

《民法典》保護見義勇為的行為。因保護他人民事權益而使自己受到損害且侵權人逃逸，受害人請求補償的，受益人應當給予適當補償。

20. 出手救人給受助人造成損害的，是否要承擔賠償責任？

《中華人民共和國民法典》

第一百八十四條　因自願實施緊急救助行為造成受助人損害的，救助人不承擔民事責任。

> 上午在河邊救一個落水男孩時不小心把他手臂弄骨折了，他家長向我要醫藥費，真是寒心！

> 當時情況緊急，你實施救助行為造成的損害不用賠償！

⚖ **普法講堂**

為匡正社會風氣，鼓勵見義勇為的行為，《民法典》規定，因自願實施緊急救助行為造成受助人損害的，救助人不承擔民事責任。

21. 通常情況下，向人民法院請求保護民事權利的訴訟時效期間為幾年？

《中華人民共和國民法典》

第一百八十八條第一款　向人民法院請求保護民事權利的訴訟時效期間為三年。法律另有規定的，依照其規定。

> 我欠你錢已經超過兩年，你也一直沒叫我還，早就過了訴訟時效，現在告到法院也沒有用！

> 現在的一般訴訟時效期間是三年，你必須還錢！

普法講堂

社會在發展，經濟交易方式和類型也在不斷創新，一般訴訟時效期間由原來的兩年延長為三年，可以更好地保護權利人的民事權利。訴訟時效期間自權利人知道或者應當知道權利受到損害以及義務人之日起計算。

22. 未成年人遭受性侵的，年滿十八週歲後能否提起訴訟？

《中華人民共和國民法典》

第一百九十一條　未成年人遭受性侵害的損害賠償請求權的訴訟時效期間，自受害人年滿十八週歲之日起計算。

> 我十二歲的時候遭到老師的猥褻，現在還可以告他嗎？

> 當然！你遭受侵害的時候還未成年，現在可以向侵權人主張賠償！

普法講堂

受中國社會傳統觀念的影響，遭受性侵害的未成年人往往不敢、不願尋求法律保護，從而導致加害人逃脫法律懲罰。針對這種情況，法律規定，未成年人遭受性侵的，訴訟時效自受害人年滿十八週歲之日起計算，可以在年滿十八週歲後提起訴訟。

第二編
物　權

1. 房屋買賣必須依法登記才生效嗎？

《中華人民共和國民法典》

第二百零八條　不動產物權的設立、變更、轉讓和消滅，應當依照法律規定登記。動產物權的設立和轉讓，應當依照法律規定交付。

第二百零九條第一款　不動產物權的設立、變更、轉讓和消滅，經依法登記，發生效力；未經登記，不發生效力，但是法律另有規定的除外。

第二百二十五條　船舶、航空器和機動車等的物權的設立、變更、轉讓和消滅，未經登記，不得對抗善意第三人。

**普法講堂**

　　雖然因賣方又將房屋賣給他人並辦理了登記手續，在先簽訂房屋買賣合同的當事人不能取得房屋的所有權，但是可以追究賣方的違約責任。而對於小汽車等特殊動產的買賣而言，在賣方沒有為第一位買受人辦理所有權轉移登記的情況下，如果第二位買受人不知道迷前買賣關係存在，則有權要求賣方為自己辦理登記手續。

2. 哪些情形下可以申請不動產預告登記？

《中華人民共和國民法典》

第二百二十一條第一款　當事人簽訂買賣房屋的協議或者簽訂其他不動產物權的協議，為保障將來實現物權，按照約定可以向登記機構申請預告登記。預告登記後，未經預告登記的權利人同意，處分該不動產的，不發生物權效力。

普法講堂

預告登記後，債權消滅或者自能夠進行不動產登記之日起九十日內未申請登記的，預告登記失效。因此，預告登記並不是一勞永逸的，當條件成熟時還需及時進行正式登記。

3. 居民小區內車位的歸屬和使用是如何規定的？

《中華人民共和國民法典》

第二百七十五條　建築區劃內，規劃用於停放汽車的車位、車庫的歸屬，由當事人通過出售、附贈或者出租等方式約定。

佔用業主共有的道路或者其他場地用於停放汽車的車位，屬於業主共有。

第二百七十六條　建築區劃內，規劃用於停放汽車的車位、車庫應當首先滿足業主的需要。

 **普法講堂**

　　業主對建築物內的住宅、經營性用房等專有部分享有所有權，對專有部分以外的共有部分享有共有和共同管理的權利。小區內規劃用於停放汽車的車位、車庫，開發商可以出售、附贈或者出租給業主。對於佔用小區道路修建的停車位，產權不在開發商而在全體業主手裏，可以由業主大會討論決定如何進行利用。

4. 居民小區的哪些事項必須由業主共同決定？如何共同決定？

《中華人民共和國民法典》

第二百七十八條第一款　下列事項由業主共同決定：

（一）制定和修改業主大會議事規則；

（二）制定和修改管理規約；

（三）選舉業主委員會或者更換業主委員會成員；

（四）選聘和解聘物業服務企業或者其他管理人；

（五）使用建築物及其附屬設施的維修資金；

（六）籌集建築物及其附屬設施的維修資金；

（七）改建、重建建築物及其附屬設施；

（八）改變共有部分的用途或者利用共有部分從事經營活動；

（九）有關共有和共同管理權利的其他重大事項。

普法講堂

　　業主共同決定事項，應當由專有部分面積佔比三分之二以上且人數佔比三分之二以上的業主參與表決。籌集建築物及其附屬設施的維修資金，改建、重建建築物及其附屬設施，改變共有部分的用途或者利用共有部分從事經營活動的，應當經參與表決專有部分面積四分之三以上且參與表決人數四分之三以上的業主同意。決定上述法條中規定的其他事項，應當經參與表決專有部分面積過半數且參與表決人數過半數的業主同意。

5. 居民小區的停車位收入、電梯及樓房外牆面的廣告收入，歸誰所有？

《中華人民共和國民法典》

第二百八十二條　建設單位、物業服務企業或者其他管理人等利用業主的共有部分產生的收入，在扣除合理成本之後，屬於業主共有。

⚖️ **普法講堂**

有些小區的物業公司未經業主同意，擅自出租停車位，或在小區的電梯、道路、外牆、健身設施等業主共有空間中安置廣告牌，損害了業主的合法權益。物業公司因此取得的收益在扣除合理的成本之後，應當歸業主共有。

6. 居民小區的電梯壞了、屋頂漏水了，如何維修？

《中華人民共和國民法典》

第二百八十一條　建築物及其附屬設施的維修資金，屬於業主共有。經業主共同決定，可以用於電梯、屋頂、外牆、無障礙設施等共有部分的維修、更新和改造。建築物及其附屬設施的維修資金的籌集、使用情況應當定期公佈。

緊急情況下需要維修建築物及其附屬設施的，業主大會或者業主委員會可以依法申請使用建築物及其附屬設施的維修資金。

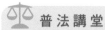

普法講堂

電梯損壞、屋頂漏水等可以使用建築物及其附屬設施的維修資金進行維修。建築物及其附屬設施維修資金，有時也稱專項維修基金，是指根據法律規定建立的專門用於住宅共用部位、共用設施設備保修期滿後進行大規模維修，以及用於壞舊部分的更新和改造的資金，以使其保持正常使用功能或者不斷提高其使用效能或者使其具有新的效能。

7. 如何才能設立居住權？

《中華人民共和國民法典》

第三百六十七條　設立居住權，當事人應當採用書面形式訂立居住權合同。

居住權合同一般包括下列條款：

（一）當事人的姓名或者名稱和住所；

（二）住宅的位置；

（三）居住的條件和要求；

（四）居住權期限；

（五）解決爭議的方法。

第三百六十八條　居住權無償設立，但是當事人另有約定的除外。設立居住權的，應當向登記機構申請居住權登記。居住權自登記時設立。

普法講堂

　　有些老年人為了感謝繼承人以外的人對自己的長期照顧，承諾在自己去世後將房屋留給其居住。為了避免日後發生爭議，雙方最好簽訂書面的居住權合同。居住權合同的成立應當符合一般合同成立的基本條件，即具有民事行為能力的人在自願的基礎上達成的一致意思表示。除此之外，居住權合同中需要盡可能地寫明當事人和住宅的具體信息，以及居住條件和居住期間，並進行登記。只有這樣，在發生爭議時才能將其作為支持自己主張的依據。

8. 居住權必須經登記才能設立嗎？

《中華人民共和國民法典》

　　第三百六十六條　居住權人有權按照合同約定，對他人的住宅享有佔有、使用的用益物權，以滿足生活居住的需要。

　　第三百六十八條　居住權無償設立，但是當事人另有約定的除外。設立居住權的，應當向登記機構申請居住權登記。居住權自登記時設立。

　　第三百六十九條　居住權不得轉讓、繼承。設立居住權的住宅不得出租，但是當事人另有約定的除外。

　　第三百七十條　居住權期限屆滿或者居住權人死亡的，居住權消滅。居住權消滅的，應當及時辦理註銷登記。

普法講堂

　　登記是居住權設立的必經程序。現實中，為了切實保障居住權人生活和居住的需要，應當及時辦理居住權登記。同時，如果他人惡意通過哄騙、脅迫等方式獲得居住權，房屋的實際權利人也可以通過主張該居住權沒有經過登記而不具有法律效力來維護自己的權利。

9. 法律對相鄰權利人建造建築物有哪些禁止性規定？

《中華人民共和國民法典》

第二百九十三條　建造建築物，不得違反國家有關工程建設標準，不得妨礙相鄰建築物的通風、採光和日照。

第二百九十五條　不動產權利人挖掘土地、建造建築物、鋪設管線以及安裝設備等，不得危及相鄰不動產的安全。

普法講堂

相鄰權指不動產的所有人或使用人在處理相鄰關係時所享有的權利。具體來說，在相互毗鄰的不動產的所有人或者使用人之間，任何一方為了合理行使其所有權或使用權，享有要求其他相鄰方提供便利或是接受一定限制的權利。例如，建設和使用房屋時，不得影響相鄰一方的正常通行，不得影響相鄰一方的通風、採光和日照等。

10. 把別人的東西未經其同意出賣，買方能否取得所有權？

《中華人民共和國民法典》

第三百一十一條　無處分權人將不動產或者動產轉讓給受讓人的，所有權人有權追回；除法律另有規定外，符合下列情形的，受讓人取得該不動產或者動產的所有權：

（一）受讓人受讓該不動產或者動產時是善意；

（二）以合理的價格轉讓；

（三）轉讓的不動產或者動產依照法律規定應當登記的已經登記，不需要登記的已經交付給受讓人。

受讓人依據前款規定取得不動產或者動產的所有權的，原所有權人有權向無處分權人請求損害賠償。

當事人善意取得其他物權的，參照適用前兩款規定。

第三百一十三條　善意受讓人取得動產後，該動產上的原有權利消滅。但是，善意受讓人在受讓時知道或者應當知道該權利的除外。

　　善意取得制度是指無權處分人將財產有償轉讓給第三人，如果受讓人取得該財產時出於善意，則受讓人將依法即時取得對該財產的所有權的一種法律制度。如果購買者是出於善意以合理的市場價格購得這個花瓶，並且他也不知道出賣人是未經所有人同意而擅自出賣的，即可基於善意取得制度而獲得這個花瓶的所有權。善意取得制度的設立是為了維護商業交易秩序，它保護的是善意第三人的交易安全。如果買受人在購買時明知原權利人的存在，則不能適用善意取得制度。

11. 住宅建設用地使用權期限屆滿後怎麼辦？

《中華人民共和國民法典》

第三百五十九條　住宅建設用地使用權期限屆滿的，自動續期。續期費用的繳納或者減免，依照法律、行政法規的規定辦理。

非住宅建設用地使用權期限屆滿後的續期，依照法律規定辦理。該土地上的房屋以及其他不動產的歸屬，有約定的，按照約定；沒有約定或者約定不明確的，依照法律、行政法規的規定辦理。

普法講堂

　　住宅建設用地使用權屆滿後，不需要土地使用權人辦理申請和審批手續，自動續期。值得注意的是，住宅建設用地使用權續期需要繳納一定的費用，應根據法律、行政法規的規定確定全額繳納或者予以減免。

12. 在已出租的財產上設立抵押的，對原租賃關係有什麼影響？

《中華人民共和國民法典》

第四百零五條　抵押權設立前，抵押財產已經出租並轉移佔有的，原租賃關係不受該抵押權的影響。

這套房已經抵押給我了，你準備搬出去吧。

我的租房合同簽訂在先，你不能趕我走。

⚖ 普法講堂

　　房屋租賃關係受法律保護。在房屋租賃合同簽訂後，無論是房屋發生所有權變更還是被設定了抵押權等他物權，均不影響租賃合同的繼續履行。出租人出賣租賃房屋的，應當在出賣之前的合理期限內通知承租人，承租人享有以同等條件優先購買的權利；但是，房屋共有人行使優先購買權或者出租人將房屋出賣給近親屬的除外。

13. 農村集體土地被徵收會有哪些補償？

《中華人民共和國民法典》

第二百四十三條　為了公共利益的需要，依照法律規定的權限和程序可以徵收集體所有的土地和組織、個人的房屋以及其他不動產。

徵收集體所有的土地，應當依法及時足額支付土地補償費、安置補助費以及農村村民住宅、其他地上附著物和青苗等的補償費用，並安排被徵地農民的社會保障費用，保障被徵地農民的生活，維護被徵地農民的合法權益。

徵收組織、個人的房屋以及其他不動產，應當依法給予徵收補償，維護被徵收人的合法權益；徵收個人住宅的，還應當保障被徵收人的居住條件。

任何組織或者個人不得貪污、挪用、私分、截留、拖欠徵收補償費等費用。

普法講堂

　　為了公共利益的需要，依照法律規定的權限和程序可以徵收集體所有的土地和組織、個人的房屋以及其他不動產。但徵收不是無償的，更不能侵害被徵收人的合法權益。法律規定，任何組織或者個人不得貪污、挪用、私分、截留、拖欠徵收補償費等費用。

14. 村民可以查閱、複製集體財產狀況的相關資料嗎？

《中華人民共和國民法典》

第二百六十四條　農村集體經濟組織或者村民委員會、村民小組應當依照法律、行政法規以及章程、村規民約向本集體成員公佈集體財產的狀況。集體成員有權查閱、複製相關資料。

我們村今年的集體財產為什麼這麼少？我們要看收支明細。

村民作為集體成員，有權查閱、複製這些資料。

這些資料都是保密的，是你們想看就能看的嗎？

⚖ 普法講堂

集體所有的財產受法律保護，禁止任何組織或者個人侵佔、哄搶、私分、破壞。如果農村集體經濟組織、村民委員會或者其負責人作出的決定侵害了集體成員的合法權益，受侵害的集體成員可以請求人民法院予以撤銷。

15. 土地承包經營權期限屆滿可以繼續承包嗎？

《中華人民共和國民法典》

第三百三十二條　耕地的承包期為三十年。草地的承包期為三十年至五十年。林地的承包期為三十年至七十年。

前款規定的承包期限屆滿，由土地承包經營權人依照農村土地承包的法律規定繼續承包。

您承包的松樹林今年就到期了，按規定還可以由您繼續承包，我們來簽一份新的合同吧！

我還以為到期就不能再承包了呢，還是國家的政策好啊！

⚖ 普法講堂

　　根據農村土地承包的有關法律規定，耕地承包期屆滿後再延長三十年，草地、林地承包期屆滿後依照規定相應延長。承包人要維持土地的農業用途，未經依法批准不得用於非農建設；要依法保護和合理利用土地，不得給土地造成永久性損害。

16. 法律如何保護土地經營權的流轉？

《中華人民共和國民法典》

第三百三十九條　土地承包經營權人可以自主決定依法採取出租、入股或者其他方式向他人流轉土地經營權。

第三百四十一條　流轉期限為五年以上的土地經營權，自流轉合同生效時設立。當事人可以向登記機構申請土地經營權登記；未經登記，不得對抗善意第三人。

 普法講堂

　　允許土地經營權流轉的規定是對農村土地所有權、承包權、經營權"三權分置"改革的進一步落實，有利於合理規劃、高效利用農村土地資源。允許對土地經營權合同進行登記，使其具有對抗善意第三人的效力，則有利於防止承包方隨意解除合同或同時將土地經營權轉讓給不同的人，從而保護土地經營權人的利益。

第三編
合　同

1. 《民法典》中的合同都有哪些？婚姻、收養、監護等有關身份關係的協議是否可以參照適用合同編的規定？

《中華人民共和國民法典》

第四百六十四條　合同是民事主體之間設立、變更、終止民事法律關係的協議。

婚姻、收養、監護等有關身份關係的協議，適用有關該身份關係的法律規定；沒有規定的，可以根據其性質參照適用本編規定。

普法講堂

　　我們在日常生活中遇到的"契約""協議""協議書"等，在法律意義上，大部分都是合同。《民法典》合同編中規定了買賣合同，供用電、水、氣、熱力合同，贈與合同，借款合同，保證合同，租賃合同，融資租賃合同，保理合同，承攬合同，建設工程合同，運輸合同，技術合同，保管合同，倉儲合同，委託合同，物業服務合同，行紀合同，中介合同，合夥合同共 19 種典型合同，以及無因管理、不當得利兩種準合同。

2. 訂立合同可以採用哪些形式？

《中華人民共和國民法典》

第四百六十九條　當事人訂立合同，可以採用書面形式、口頭形式或者其他形式。

書面形式是合同書、信件、電報、電傳、傳真等可以有形地表現所載內容的形式。

以電子數據交換、電子郵件等方式能夠有形地表現所載內容，並可以隨時調取查用的數據電文，視為書面形式。

普法講堂

　　口頭形式，是指當事人只用語言為意思表示而訂立合同，不用文字。口頭形式的優點是簡便易行，在日常生活中被普遍採用，缺點是發生合同糾紛時不易取證，難以分清責任。所以，一般來講，合同標的數額不大的和即時清結的合同可採用口頭形式，除此之外的合同一般都不採用口頭形式。除書面形式、口頭形式外，還有視聽資料、默示行為等訂立合同的其他形式。

3. 買房時開發商宣傳廣告中作出的承諾沒有兌現，是否構成違約？

《中華人民共和國民法典》

第四百七十三條　要約邀請是希望他人向自己發出要約的表示。拍賣公告、招標公告、招股説明書、債券募集辦法、基金招募説明書、商業廣告和宣傳、寄送的價目表等為要約邀請。

商業廣告和宣傳的內容符合要約條件的，構成要約。

⚖ 普法講堂

　　要約是希望與他人訂立合同的意思表示，該意思表示應當符合下列條件：（1）內容具體確定；（2）表明經受要約人承諾，要約人即受該意思表示約束。

　　開發商在商品房銷售廣告和宣傳資料上所作的承諾，原則上屬於要約邀請，是希望買房人向自己發出購房的意思表示。所以，在一般情況下，購房者很難就此追究開發商的相應責任。

　　但如果開發商就商品房開發規劃範圍內的房屋及相關設施所作的說明和允諾具體確定，並對商品房買賣合同的訂立以及房屋價格的確定有重大影響，應當視為要約。此時，如果開發商未依照商品房銷售廣告和宣傳資料的承諾履約，應當向購房人承擔違約責任。

4. 書面形式的合同和電子合同分別在何時成立？

《中華人民共和國民法典》

第四百九十條 當事人採用合同書形式訂立合同的，自當事人均簽名、蓋章或者按指印時合同成立。在簽名、蓋章或者按指印之前，當事人一方已經履行主要義務，對方接受時，該合同成立。

法律、行政法規規定或者當事人約定合同應當採用書面形式訂立，當事人未採用書面形式但是一方已經履行主要義務，對方接受時，該合同成立。

第四百九十一條 當事人採用信件、數據電文等形式訂立合同要求簽訂確認書的，簽訂確認書時合同成立。

當事人一方通過互聯網等信息網絡發佈的商品或者服務信息符合要約條件的，對方選擇該商品或者服務並提交訂單成功時合同成立，但是當事人另有約定的除外。

⚖️ **普法講堂**

　　與原《合同法》相比，按指印取得了與簽字、蓋章同樣的法律效果，這是《民法典》對《最高人民法院關於適用〈中華人民共和國合同法〉若干問題的解釋（二）》第五條內容的吸收，符合法律實踐的需求。

　　《民法典》第四百九十一條第二款為新增規定。互聯網的發展日新月異，公民通過互聯網進行交易也早已是普遍存在的事實。新法對電子合同的成立時間作了明確規定，進一步完善了處理互聯網交易糾紛的法律依據。

5. 合同裏的格式條款會給我們帶來哪些影響？

《中華人民共和國民法典》

第四百九十六條　格式條款是當事人為了重複使用而預先擬定，並在訂立合同時未與對方協商的條款。

採用格式條款訂立合同的，提供格式條款的一方應當遵循公平原則確定當事人之間的權利和義務，並採取合理的方式提示對方注意免除或者減輕其責任等與對方有重大利害關係的條款，按照對方的要求，對該條款予以説明。提供格式條款的一方未履行提示或者説明義務，致使對方沒有注意或者理解與其有重大利害關係的條款的，對方可以主張該條款不成為合同的內容。

第四百九十七條　有下列情形之一的，該格式條款無效：

（一）具有本法第一編第六章第三節和本法第五百零六條規定的無效情形；

（二）提供格式條款一方不合理地免除或者減輕其責任、加重對方責任、限制對方主要權利；

（三）提供格式條款一方排除對方主要權利。

合同裏寫了不准退課，您可是簽了字的。

簽合同的時候並沒有人跟我說明這個問題。

商務口語課

⚖ 普法講堂

　　《民法典》第四百九十六條第一款以法律的形式規定了格式條款的定義，是對原《合同法》的進一步完善。第二款則對格式條款的提供方提出了要求，尤其是新增了提供格式條款方未履行提示或者說明義務的不利後果。需要注意的是，即使履行了格式條款的提示和說明義務，如果有上述第四百九十七條規定的情形之一，該格式條款也是無效的。

6. 合同中哪些免責條款無效？

《中華人民共和國民法典》

第五百零六條　合同中的下列免責條款無效：

（一）造成對方人身損害的；

（二）因故意或者重大過失造成對方財產損失的。

普法講堂

　　造成對方人身損害的免責條款無效，是因為法律對人身健康和生命安全給予特殊保護。如果允許免除一方當事人對另一方當事人人身損害的責任，無異於縱容當事人利用合同形式對另一方當事人的生命進行摧殘，有違憲法原則。因故意或者重大過失給對方造成財產損失的免責條款無效，則是因為這種條款嚴重違背了公平原則和誠信原則。如果允許這類條款存在，就意味著允許一方當事人利用這種條款欺騙對方當事人，損害對方當事人的合同權益，這與《民法典》的立法目的是完全相違背的。

7. 合同履行時，違約方應當承擔什麼責任？

《中華人民共和國民法典》

第五百八十三條 當事人一方不履行合同義務或者履行合同義務不符合約定的，在履行義務或者採取補救措施後，對方還有其他損失的，應當賠償損失。

⚖ **普法講堂**

當事人一方不履行合同義務或者履行合同義務不符合約定的，應當承擔繼續履行、採取補救措施或者賠償損失等違約責任。在實際履行與賠償損失這兩種違約責任的關係上，我國法律採用的是兩者可以並用的原則，因為法律設定這兩種違約責任的目的是不同的。

8. 如何區分適用定金與違約金？

《中華人民共和國民法典》

第五百八十八條 當事人既約定違約金，又約定定金的，一方違約時，對方可以選擇適用違約金或者定金條款。

定金不足以彌補一方違約造成的損失的，對方可以請求賠償超過定金數額的損失。

普法講堂

當事人可以約定一方向對方給付定金作為債權的擔保。定金合同自實際交付定金時成立。定金的數額由當事人約定，但是不得超過主合同標的額的百分之二十，超過部分不產生定金的效力。實際交付的定金數額多於或者少於約定數額的，視為變更約定的定金數額。

9. 《民法典》中的綠色原則在買賣合同中是如何體現的？

《中華人民共和國民法典》

第五百零九條第三款　當事人在履行合同過程中，應當避免浪費資源、污染環境和破壞生態。

第六百二十五條　依照法律、行政法規的規定或者按照當事人的約定，標的物在有效使用年限屆滿後應予回收的，出賣人負有自行或者委託第三人對標的物予以回收的義務。

出賣人對標的物負有回收義務。

綠色原則對買賣合同有什麼影響？

 普法講堂

　　綠色原則是《民法典》的基本原則之一。在綠色原則之下，不僅應保護合同當事人的利益，還應對生態環境予以附隨性的保護。在買賣交易中，不應以損害生態環境為代價，亦不應忽視對環境帶來的負面影響。《民法典》明確規定出賣人的回收義務，體現了時代特徵，與我國需要長期處理好人與資源、生態的矛盾的國情相適應。

10. 贈與合同能任意撤銷嗎？

《中華人民共和國民法典》

第六百五十八條　贈與人在贈與財產的權利轉移之前可以撤銷贈與。

經過公證的贈與合同或者依法不得撤銷的具有救災、扶貧、助殘等公益、道德義務性質的贈與合同，不適用前款規定。

⚖️ **普法講堂**

　　贈與人依法享有任意撤銷權，即贈與合同成立後，贈與財產的權利轉移之前，贈與人可以根據自己的意思不再為贈與行為。但贈與人的任意撤銷權也受到法律的限制。經過公證的贈與合同或者依法不得撤銷的具有救災、扶貧、助殘等公益、道德義務性質的贈與合同，不論當事人以何種形式訂立，也不論贈與的財產是否已轉移其權利，贈與人均不得任意撤銷。若贈與人遲延履行或者不履行給付贈與財產的義務，應當承擔違約責任，受贈人可以請求贈與人交付。

11. 答應借錢給他人又反悔了，可以不借嗎？

《中華人民共和國民法典》

第六百七十九條 自然人之間的借款合同，自貸款人提供借款時成立。

⚖ 普法講堂

自然人之間的借款合同是實踐合同，即自然人之間借款，貸款人向借款人交付借款時，合同才成立。所以，自然人之間借款的，貸款人不負有按照約定的日期、數額向借款人提供借款的義務。在借款合同成立後，貸款人和借款人都應當按照約定履行合同。

12. 借款合同中，應當如何支付利息？

《中華人民共和國民法典》

第六百七十條 借款的利息不得預先在本金中扣除。利息預先在本金中扣除的，應當按照實際借款數額返還借款並計算利息。

第六百八十條 禁止高利放貸，借款的利率不得違反國家有關規定。

借款合同對支付利息沒有約定的，視為沒有利息。

借款合同對支付利息約定不明確，當事人不能達成補充協議的，按照當地或者當事人的交易方式、交易習慣、市場利率等因素確定利息；自然人之間借款的，視為沒有利息。

⚖ 普法講堂

　　為了體現合同公平的原則，防止貸款人利用優勢地位確定不平等的合同內容，法律明確規定，貸款人在提供借款時不得預先將利息從本金中扣除。如果貸款人違反法律規定，在提供借款時將利息從本金中扣除，那麼借款人只需按照實際借款數額返還借款並計算利息。

　　借款的數額和利息是借款合同的主要內容。借款合同對支付利息沒有約定的，則視為沒有利息。借款合同對支付利息約定不明確的，當事人可以達成補充協議，不能達成補充協議的，按照當地或者當事人的交易方式、交易習慣、市場利率等因素確定利息。自然人之間借款，對支付利息約定不明確的，視為沒有利息。此外，法律禁止高利放貸，借款的利率不得違反國家有關規定。

13. 為他人債務作保證人的，應當如何承擔保證責任？

《中華人民共和國民法典》

第六百八十六條 保證的方式包括一般保證和連帶責任保證。

當事人在保證合同中對保證方式沒有約定或者約定不明確的，按照一般保證承擔保證責任。

第六百八十七條第一款 當事人在保證合同中約定，債務人不能履行債務時，由保證人承擔保證責任的，為一般保證。

 **普法講堂**

　　原《擔保法》第十九條規定："當事人對保證方式沒有約定或者約定不明確的，按照連帶責任保證承擔保證責任。" 此條規定加重了保證人的責任，實踐中因互相擔保或者連環擔保產生的資不抵債或破產的現象頻發，影響了正常的生活和經營秩序。鑒於此，《民法典》修改了保證方式的推定規則，當事人對保證方式沒有約定或者約定不明確的，推定為一般保證。

14. 交通工具上，旅客可以不按照自己的座位號搶座霸座嗎？

《中華人民共和國民法典》

第八百一十五條　旅客應當按照有效客票記載的時間、班次和座位號乘坐。……

不好意思，您可能坐錯位置了。

先來後到！我先佔的座就是我的座！

法律禁止搶座霸座，旅客應當對號入座。

⚖ 普法講堂

　　為了維護正常的運輸秩序，保護旅客的人身、財產安全，旅客和承運人都應當遵守客運合同中的義務。旅客除了應當支付票款外，還應當按照有效客票記載的時間、班次和座位號乘坐。旅客無票乘坐、超程乘坐、越級乘坐或者持不符合減價條件的優惠客票乘坐的，應當補交票款。此外，旅客攜帶行李應當符合約定的限量和品類要求，旅客對承運人為安全運輸所作的合理安排應當積極協助和配合。

15. 小區的物業服務人都有哪些職責？

《中華人民共和國民法典》

第九百四十二條　物業服務人應當按照約定和物業的使用性質，妥善維修、養護、清潔、綠化和經營管理物業服務區域內的業主共有部分，維護物業服務區域內的基本秩序，採取合理措施保護業主的人身、財產安全。

對物業服務區域內違反有關治安、環保、消防等法律法規的行為，物業服務人應當及時採取合理措施制止、向有關行政主管部門報告並協助處理。

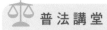 **普法講堂**

　　物業服務人負有以下主要職責：（1）物業服務轉委託產生的相關義務；（2）保養維護義務，即按照約定和物業的使用性質，妥善維修、養護、清潔、綠化和經營管理物業服務區域內的業主共有部分，維護物業服務區域內的基本秩序，採取合理措施保護業主的人身、財產安全；（3）管理義務，即對物業服務區域內違反有關治安、環保、消防等法律法規的行為，應當及時採取合理措施制止，向有關行政主管部門報告並協助處理；（4）定期報告義務；（5）通知義務；（6）交接義務；（7）繼續管理義務等。與此相應，業主也應當按照約定向物業服務人支付物業費。

16. 買房時，買方能繞開委託的中介直接與賣方訂立合同嗎？

《中華人民共和國民法典》

第九百六十五條 委託人在接受中介人的服務後，利用中介人提供的交易機會或者媒介服務，繞開中介人直接訂立合同的，應當向中介人支付報酬。

你已經簽了房屋中介合同，是不可以跳單的。

中介費這麼貴，我能不能繞開中介直接跟房東交易啊？

⚖ 普法講堂

中介合同是中介人向委託人報告訂立合同的機會或者提供訂立合同的媒介服務，委託人支付報酬的合同。《民法典》規定禁止跳單，委託人若跳單，仍然應當向中介人支付報酬。此規定是為了讓違背誠信原則的委託人承擔不利的後果，同時保護中介人的合法利益。

第四編
人格權

1. 死者的人格受法律保護嗎？

《中華人民共和國民法典》

　　第九百九十四條　死者的姓名、肖像、名譽、榮譽、隱私、遺體等受到侵害的，其配偶、子女、父母有權依法請求行為人承擔民事責任；死者沒有配偶、子女且父母已經死亡的，其他近親屬有權依法請求行為人承擔民事責任。

 普法講堂

　　死者的人格受法律保護。死者的姓名、肖像、名譽、榮譽、隱私、遺體等人格可能遭受他人侵害。例如，未經許可而擅自使用死者的姓名、肖像；以侮辱、誹謗等方式侵害死者的名譽、榮譽；非法披露、利用死者的隱私和個人信息；非法利用、損害死者的遺體（包括屍體、屍骨、骨灰）等。在這種情況下，死者的配偶、子女、父母有權依法請求行為人承擔民事責任，要求對方停止侵害、恢復名譽並賠償精神損害。如果死者沒有配偶、子女並且父母已經死亡的，其他近親屬也有權依法請求行為人承擔民事責任。

2. 人格權正在被侵害，受害人可以向法院申請禁令保護嗎？

《中華人民共和國民法典》

第九百九十七條 民事主體有證據證明行為人正在實施或者即將實施侵害其人格權的違法行為，不及時制止將使其合法權益受到難以彌補的損害的，有權依法向人民法院申請採取責令行為人停止有關行為的措施。

不要擔心，《民法典》規定了人格權禁令制度，法院可以迅速作出裁定，要求他刪除照片。

前男友因為分手而對我懷恨在心，把我的不雅照片發到網上。聽說打官司時間漫長，我該怎麼辦？

律師諮詢

普法講堂

　　在網絡時代，有些侵害人格權的行為，如果無法被及時制止，可能造成不可逆轉、難以彌補的損害。如果行為人正在實施或者即將實施侵害民事主體人格權的違法行為，不及時制止將使其合法權益受到難以彌補的損害，且民事主體對此有確切證據證明，則其有權依法向人民法院申請採取責令行為人停止有關行為的措施。民事主體的申請合法的，人民法院應當採取責令行為人停止有關行為的措施。

3. 自然人如何進行人體捐獻？

《中華人民共和國民法典》

第一千零六條　完全民事行為能力人有權依法自主決定無償捐獻其人體細胞、人體組織、人體器官、遺體。任何組織或者個人不得強迫、欺騙、利誘其捐獻。

完全民事行為能力人依據前款規定同意捐獻的，應當採用書面形式，也可以訂立遺囑。

自然人生前未表示不同意捐獻的，該自然人死亡後，其配偶、成年子女、父母可以共同決定捐獻，決定捐獻應當採用書面形式。

 普法講堂

　　自然人享有捐獻或者不捐獻人體細胞、人體組織、人體器官和遺體的自主決定權。人體捐獻的意願必須合法，不得違反法律規定或違背公序良俗。人體捐獻的意願必須真實自由，任何組織或者個人不得強迫、欺騙、利誘他人捐獻。只有完全民事行為能力人才有權決定捐獻，限制民事行為能力人和無民事行為能力人，不能作出人體捐獻的有效同意。同意捐獻的表示，應當採用書面形式或者有效的遺囑形式。如果自然人生前未表示不同意捐獻的，在該自然人死亡後，其配偶、成年子女、父母可以共同以書面形式決定捐獻，任何一個人不同意捐獻的，都不能捐獻。

4. 人體可以買賣嗎？

《中華人民共和國民法典》

第一千零七條　禁止以任何形式買賣人體細胞、人體組織、人體器官、遺體。

違反前款規定的買賣行為無效。

⚖️ 普法講堂

　　法律保護人格尊嚴，人是目的而非手段，人體組成部分不應成為交易的客體。所以，人體只能無償捐獻。法律禁止以任何形式買賣人體細胞、人體組織、人體器官、遺體。除了直接付款給出賣人，對死者的近親屬或者其他中間人、負責屍體的機構付款，都可能構成買賣。將人體組成部分作為質押或者租賃的標的，都屬於對於人體的有償利用，也被法律禁止。買賣人體的行為均屬無效。

5. 單位是否有義務防止、制止性騷擾行為？

《中華人民共和國民法典》

第一千零一十條　違背他人意願，以言語、文字、圖像、肢體行為等方式對他人實施性騷擾的，受害人有權依法請求行為人承擔民事責任。

機關、企業、學校等單位應當採取合理的預防、受理投訴、調查處置等措施，防止和制止利用職權、從屬關係等實施性騷擾。

 普法講堂

　　性騷擾行為是對受害人人格權益、人格尊嚴、人格自由的侵害，會造成受害人抑鬱、焦慮、恐懼以及其他健康問題，法律禁止性騷擾的行為。構成性騷擾一般應當符合以下條件：性騷擾中受害人是自然人；行為與性有關；違背他人意願；行為一般應當達到一定的嚴重程度；行為一般具有明確的針對性；行為人主觀上一般是故意的。被性騷擾行為侵害的受害人有權依法請求行為人承擔民事責任。法律還規定單位應當採取合理的預防、受理投訴、調查處置等措施，防止和制止利用職權、從屬關係等實施性騷擾。單位未盡上述義務的，也可能要承擔侵權責任。

6. 超市保安可以隨意搜查顧客的身體嗎？

《中華人民共和國民法典》

第一千零一十一條　以非法拘禁等方式剝奪、限制他人的行動自由，或者非法搜查他人身體的，受害人有權依法請求行為人承擔民事責任。

普法講堂

　　法律禁止非法剝奪、限制他人行動自由。綁架、非法拘禁、非法強制住院治療等行為，都構成對他人行動自由的侵害。同時，法律禁止非法搜查他人身體。例如，超市、商場無權因懷疑顧客偷東西而搜查顧客身體。非法搜查他人身體、限制行動自由，侵犯了被搜查者的人格尊嚴、人格自由。在出現以上情形時，受害人有權請求行為人承擔侵權責任。如果造成受害人嚴重精神損害，則受害人還有權請求精神損害賠償。

7. 被他人冒名頂替上學或工作，該怎麼辦？

《中華人民共和國民法典》

第一千零一十四條　任何組織或者個人不得以干涉、盜用、假冒等方式侵害他人的姓名權或者名稱權。

我最近才發現原來我考上了大學，結果卻被另一個人假冒我的名字頂替上學了！

雖然時光不能倒流，人生無法改寫，但你可以起訴侵犯你姓名權的那個人，要求他賠償財產損失和精神損害。

普法講堂

　　姓名是人的標識，是人和人相區別的語言標識，它的基本功能是防止個人身份的混淆，彰示個人的人格特徵。法律規定自然人享有姓名權，有權依法決定、使用、變更或者許可他人使用自己的姓名。任何組織或者個人不得以干涉、盜用、假冒等方式侵害他人的姓名權或者名稱權。干涉行為，表現為干涉子女決定、使用和變更姓名，干涉被監護人決定和使用其姓名。盜用他人姓名，即未經他人同意或授權，擅自以他人名義實施有害於他人和社會的行為。假冒他人姓名，指冒充他人之名進行活動。冒充他人上學、工作，均屬侵犯他人姓名權的行為，應當承擔民事責任。

8. 可以給孩子選擇父姓或母姓之外的其他姓氏嗎？

《中華人民共和國民法典》

第一千零一十五條　自然人應當隨父姓或者母姓，但是有下列情形之一的，可以在父姓和母姓之外選取姓氏：

（一）選取其他直系長輩血親的姓氏；

（二）因由法定扶養人以外的人扶養而選取扶養人姓氏；

（三）有不違背公序良俗的其他正當理由。

少數民族自然人的姓氏可以遵從本民族的文化傳統和風俗習慣。

普法講堂

　　姓氏凝聚著中華傳統文化，體現了宗族血脈和家族傳承，並且涉及社會管理。對姓氏的選擇應當進行適當規範和限制，比如不能違背公序良俗原則，不能損害社會公共利益和國家利益等。公民可以自由選擇姓氏，但可以選擇的姓氏僅包括以下幾種：隨父姓、隨母姓、隨直系長輩血親的姓氏、扶養人的姓氏。還有一條兜底條款，可以隨其他不違背公序良俗、有正當理由的姓氏。所以自然人的姓氏並不是無原則地自由選取的，某些異想天開的奇葩姓名是不能取的。另外，養子女可以隨養父或者養母的姓氏，經當事人協商一致，也可以保留原姓氏。

9. 別人能夠擅自使用我的肖像嗎？

《中華人民共和國民法典》

第一千零一十八條　自然人享有肖像權，有權依法製作、使用、公開或者許可他人使用自己的肖像。

肖像是通過影像、雕塑、繪畫等方式在一定載體上所反映的特定自然人可以被識別的外部形象。

普法講堂

　　未經肖像權人同意，不得製作、使用、公開肖像權人的肖像，但是法律另有規定的除外。只有合理實施下列行為的，可以不經肖像權人同意：（1）為個人學習、藝術欣賞、課堂教學或者科學研究，在必要範圍內使用肖像權人已經公開的肖像；（2）為實施新聞報道，不可避免地製作、使用、公開肖像權人的肖像；（3）為依法履行職責，國家機關在必要範圍內製作、使用、公開肖像權人的肖像；（4）為展示特定公共環境，不可避免地製作、使用、公開肖像權人的肖像；（5）為維護公共利益或者肖像權人合法權益，製作、使用、公開肖像權人的肖像的其他行為。

10. 肖像許可使用合同可以任意解除嗎？

《中華人民共和國民法典》

第一千零二十二條　當事人對肖像許可使用期限沒有約定或者約定不明確的，任何一方當事人可以隨時解除肖像許可使用合同，但是應當在合理期限之前通知對方。

當事人對肖像許可使用期限有明確約定，肖像權人有正當理由的，可以解除肖像許可使用合同，但是應當在合理期限之前通知對方。因解除合同造成對方損失的，除不可歸責於肖像權人的事由外，應當賠償損失。

普法講堂

　　當事人對肖像許可使用期限沒有約定或者約定不明確的，屬於不定期繼續性合同。為了避免當事人無限期地受到合同約束，防止逸出個人自主決定的範圍，法律賦予雙方任意解除權。任何一方當事人可以隨時解除肖像許可使用合同，但是應當在合理期限之前通知對方。如果當事人對肖像許可使用期限有明確約定，肖像權人有正當理由的，也可以解除肖像許可使用合同，但是應當在合理期限之前通知對方。這是因為肖像權的許可涉及人格尊嚴，當人格權和財產權發生衝突時，法律傾斜保護人格權。但因肖像權人解除合同造成對方損失的，除不可歸責於肖像權人的事由外，應當賠償損失。

11. 哪些行為屬於侵犯他人名譽權的行為？

《中華人民共和國民法典》

第一千零二十四條　民事主體享有名譽權。任何組織或者個人不得以侮辱、誹謗等方式侵害他人的名譽權。

名譽是對民事主體的品德、聲望、才能、信用等的社會評價。

 普 法 講 堂

　　任何組織或者個人不得以侮辱、誹謗等方式侵害他人的名譽權。侮辱是指故意以暴力或其他方式貶低他人人格，毀損他人名譽。例如，以暴力行為、語言、文字等方式進行侮辱。誹謗是指以書面、口頭等形式捏造事實公然醜化他人人格的行為。行為人實施新聞報道、輿論監督等行為，影響他人名譽的，不承擔民事責任，但是有下列情形之一的除外：（1）捏造、歪曲事實；（2）對他人提供的嚴重失實內容未盡到合理核實義務；（3）使用侮辱性言辭等貶損他人名譽。

12. 媒體報道內容失實、侵害他人名譽權，應當如何處理？

《中華人民共和國民法典》

第一千零二十八條　民事主體有證據證明報刊、網絡等媒體報道的內容失實，侵害其名譽權的，有權請求該媒體及時採取更正或者刪除等必要措施。

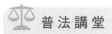 普法講堂

新聞報道具有時效性，如果在受害人請求更正不實報道後，媒體及時作出更正，可以最低限度地減少對人格權的侵害，減輕不實報道對社會公眾評價的影響。因此，如果報刊、網絡等媒體報道的內容失實，侵害他人名譽權，受害人有權請求該媒體及時採取更正或者刪除等必要措施。如果媒體沒有及時採取措施，受害人有權請求人民法院責令該媒體在一定期限內履行。

13. 侵害他人隱私權的行為都有哪些？

《中華人民共和國民法典》

第一千零三十二條　自然人享有隱私權。任何組織或者個人不得以刺探、侵擾、洩露、公開等方式侵害他人的隱私權。

隱私是自然人的私人生活安寧和不願為他人知曉的私密空間、私密活動、私密信息。

普法講堂

　　隱私權的價值在於個人自由和尊嚴的本質，體現於個人自主，不受他人的操縱及支配。隱私是自然人的私人生活安寧和不願為他人知曉的私密空間、私密活動、私密信息。法律規定任何組織或者個人不得以刺探、侵擾、洩露、公開等方式侵害他人的隱私權。除權利人明確同意外，任何組織或者個人不得實施下列行為：（1）以電話、短信、即時通訊工具、電子郵件、傳單等方式侵擾他人的私人生活安寧；（2）進入、拍攝、窺視他人的住宅、賓館房間等私密空間；（3）拍攝、窺視、竊聽、公開他人的私密活動；（4）拍攝、窺視他人身體的私密部位；（5）處理他人的私密信息；（6）以其他方式侵害他人的隱私權。

14. 哪些信息屬於法律保護的個人信息？

《中華人民共和國民法典》

第一千零三十四條　自然人的個人信息受法律保護。

個人信息是以電子或者其他方式記錄的能夠單獨或者與其他信息結合識別特定自然人的各種信息，包括自然人的姓名、出生日期、身份證件號碼、生物識別信息、住址、電話號碼、電子郵箱、健康信息、行蹤信息等。

個人信息中的私密信息，適用有關隱私權的規定；沒有規定的，適用有關個人信息保護的規定。

普 法 講 堂

　　隨著信息技術的不斷發展，以及個人信息處理方式的數字化轉變，個人信息被侵害的風險越來越高，實踐中個人信息洩露現象十分嚴重。有鑒於此，《民法典》針對個人信息作出較為細緻的規定，以加強對個人信息的保護。自然人的姓名、出生日期、身份證件號碼、生物識別信息、住址、電話號碼、電子郵箱、健康信息、行蹤信息等都屬於個人信息。個人信息可以分為個人私密信息與非私密信息，關於私密信息，還應適用隱私權保護的規定。

15. 處理自然人個人信息應當符合什麼條件？

《中華人民共和國民法典》

　　第一千零三十五條　處理個人信息的，應當遵循合法、正當、必要原則，不得過度處理，並符合下列條件：

　　（一）徵得該自然人或者其監護人同意，但是法律、行政法規另有規定的除外；

　　（二）公開處理信息的規則；

　　（三）明示處理信息的目的、方式和範圍；

　　（四）不違反法律、行政法規的規定和雙方的約定。

　　個人信息的處理包括個人信息的收集、存儲、使用、加工、傳輸、提供、公開等。

⚖ 普法講堂

　　隨著互聯網產業的發展以及手機的普及，每個人都離不開移動應用軟件。軟件過度收集個人信息並非法利用的情形屢見不鮮。因此，《民法典》對自然個人信息的處理作出了規定。個人信息的處理包括個人信息的收集、存儲、使用、加工、傳輸、提供、公開等。法律規定只有遵循合法、正當、必要原則，才可以處理個人信息。處理個人信息，除法律另有規定外，必須徵得該自然人或者其監護人同意。另外，處理自然人信息，還應當公開處理信息的規則，明示處理信息的目的、方式和範圍，且不違反法律、行政法規的規定和雙方的約定。

16. 信息處理者可以將其收集存儲的個人信息提供給他人嗎？

《中華人民共和國民法典》

第一千零三十八條 信息處理者不得洩露或者篡改其收集、存儲的個人信息；未經自然人同意，不得向他人非法提供其個人信息，但是經過加工無法識別特定個人且不能復原的除外。

信息處理者應當採取技術措施和其他必要措施，確保其收集、存儲的個人信息安全，防止信息洩露、篡改、丟失；發生或者可能發生個人信息洩露、篡改、丟失的，應當及時採取補救措施，按照規定告知自然人並向有關主管部門報告。

普法講堂

　　信息處理者在取得信息後，不得洩露、篡改其收集、存儲的個人信息。未經被收集者同意，不得向他人非法提供個人信息。隨著科技的進步和發展，數據的採集和共享方式正在發生變化，數據作為一種產業蓬勃發展。國家既要鼓勵數據的開發、利用和共享，以促進數據產業的發展，也要注重個人信息的保護。數據共享與個人信息的利益保護之間需要平衡。因此，法律規定，信息處理者在個人信息經過加工無法識別特定個人且不能復原的情況下，可以不經被收集者同意，向他人提供。

第五編
婚姻家庭

1. 夫妻雙方到民政部門協議離婚，能當天拿到離婚證嗎？

《中華人民共和國民法典》

第一千零七十七條　自婚姻登記機關收到離婚登記申請之日起三十日內，任何一方不願意離婚的，可以向婚姻登記機關撤回離婚登記申請。

前款規定期限屆滿後三十日內，雙方應當親自到婚姻登記機關申請發給離婚證；未申請的，視為撤回離婚登記申請。

 普法講堂

　　離婚冷靜期，是指男女雙方到婚姻登記機關辦理離婚時，自婚姻登記機關收到離婚登記申請之日起三十日內，任何一方不願意離婚的，可以向婚姻登記機關撤回離婚登記申請。若自婚姻登記機關收到離婚登記申請之日起三十日內，雙方未親自到婚姻登記機關申請離婚的，則視為撤銷離婚登記申請。

　　在當下社會“離婚太容易”“離婚率連年攀升”的大背景下，離婚冷靜期制度的出爐是大勢所趨。現實生活中，有不少夫妻離婚屬於一時衝動，夫妻感情並沒有完全破裂，婚姻還有挽救的可能。設置離婚冷靜期，就是為衝動型離婚夫妻提供一個雙方都能下的台階，從而在一定程度上減少衝動型離婚，促進婚姻和諧穩定。

2. 哪些情形下，婚姻是無效的？

《中華人民共和國民法典》

第一千零五十一條　有下列情形之一的，婚姻無效：

（一）重婚；

（二）有禁止結婚的親屬關係；

（三）未到法定婚齡。

⚖ 普法講堂

　　婚姻無效，是指男女雙方結婚後因該婚姻欠缺婚姻成立的法定條件而自始不發生法律效力。婚姻無效的情形有三種：一是重婚，是指有配偶的人又與他人登記結婚的違法行為，或者明知他人有配偶而與他人登記結婚的違法行為；二是有禁止結婚的親屬關係，根據醫學和科學發展證實，男女近親結婚很容易產生遺傳學疾病，影響下一代的健康成長，因此禁止近親結婚是古今中外法律的通例；三是未到法定婚齡，是指男女雙方未達到法律規定的可以結婚的最低年齡時，不得結婚，這主要是由婚姻關係的自然屬性和社會屬性決定的。

3. 哪些情形下，可以請求撤銷婚姻？

《中華人民共和國民法典》

第一千零五十二條 因脅迫結婚的，受脅迫的一方可以向人民法院請求撤銷婚姻。

請求撤銷婚姻的，應當自脅迫行為終止之日起一年內提出。

被非法限制人身自由的當事人請求撤銷婚姻的，應當自恢復人身自由之日起一年內提出。

第一千零五十三條 一方患有重大疾病的，應當在結婚登記前如實告知另一方；不如實告知的，另一方可以向人民法院請求撤銷婚姻。

請求撤銷婚姻的，應當自知道或者應當知道撤銷事由之日起一年內提出。

普法講堂

　　可撤銷婚姻，是指當事人因意思表示不真實而成立的婚姻，或者當事人成立的婚姻在結婚的要件上有欠缺，通過有撤銷權的當事人行使撤銷權，使已經發生法律效力的婚姻關係失去法律效力。可撤銷婚姻有兩種情形：一是因脅迫而結婚，受脅迫的人可以在脅迫行為終止之日起一年內請求撤銷婚姻；二是另一方患有重大疾病且在婚前未如實告知的，不知情的一方可以在知道或應當知道該情況之日起一年內請求撤銷婚姻。這兩種情況都是婚姻一方當事人在締結婚姻時意思表示有瑕疵，個人權益受損，得以依法請求撤銷婚姻。

4. 婚姻無效或被撤銷後有哪些後果？

《中華人民共和國民法典》

第一千零五十四條　無效的或者被撤銷的婚姻自始沒有法律約束力，當事人不具有夫妻的權利和義務。同居期間所得的財產，由當事人協議處理；協議不成的，由人民法院根據照顧無過錯方的原則判決。對重婚導致的無效婚姻的財產處理，不得侵害合法婚姻當事人的財產權益。當事人所生的子女，適用本法關於父母子女的規定。

婚姻無效或者被撤銷的，無過錯方有權請求損害賠償。

普法講堂

　　婚姻無效或被撤銷後，主要有以下五個法律後果：一是婚姻自始不發生法律效力，即當事人結婚之時，婚姻便不具有法律效力，不受法律保護；二是當事人之間不具有夫妻間的權利和義務，如不享有相互繼承遺產的權利，不承擔相互扶養的義務等；三是同居期間取得的財產優先協議處理，協議不成的，由法院根據照顧無過錯方的原則進行分割，即無過錯方可以多分財產，但不得損害合法婚姻當事人的財產權益；四是當事人所生子女為非婚生子女，享有與婚生子女同等的權利；五是無過錯方有權請求損害賠償。

5. 撫養、教育子女，夫妻雙方是否享有平等的權利和義務？

《中華人民共和國民法典》

第一千零五十八條　夫妻雙方平等享有對未成年子女撫養、教育和保護的權利，共同承擔對未成年子女撫養、教育和保護的義務。

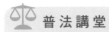 普法講堂

　　夫妻雙方對未滿十八週歲的未成年子女，享有平等的撫養、教育和保護的權利，也共同承擔相應的義務。撫養是指父母撫育未成年子女成長，並為他們的生活、學習提供一定的物質條件。教育是指父母要按照法律和道德要求，採取正確的方法，對未成年子女進行教導，並對其行為進行必要的約束，確保其健康成長。保護是指父母應當保護未成年子女的人身安全和合法權益，預防和排除來自外界的危害，使其身心處於安全狀態。

　　夫妻在婚姻家庭關係中地位平等，平等地履行法律規定的權利，也共同承擔著家庭和社會的責任，在未成年子女撫養、教育和保護方面亦應如此。

6. 夫妻的共同財產有哪些？

《中華人民共和國民法典》

第一千零六十二條　夫妻在婚姻關係存續期間所得的下列財產，為夫妻的共同財產，歸夫妻共同所有：

（一）工資、獎金、勞務報酬；

（二）生產、經營、投資的收益；

（三）知識產權的收益；

（四）繼承或者受贈的財產，但是本法第一千零六十三條第三項規定的除外；

（五）其他應當歸共同所有的財產。

夫妻對共同財產，有平等的處理權。

普法講堂

　　夫妻共同財產，是指夫妻在婚姻關係存續期間取得的財產。婚姻關係存續期間，自合法婚姻締結之日起，至夫妻一方死亡或離婚生效之日止。夫妻對共同財產享有平等的所有權，雙方享有同等的權利，承擔同等的義務。夫妻對共同所有的財產，有平等的處理權。特別是夫妻一方對共同財產的處分，除另有約定外，應當取得對方的同意。具體而言，夫妻共同財產包括：（1）工資、獎金、勞務報酬；（2）生產、經營、投資的收益；（3）知識產權的收益；（4）繼承或者受贈的財產，但是遺囑或者贈與合同中確定只歸一方的財產除外；（5）其他應當歸夫妻共同所有的財產，如汽車、房產、公司股權等。

7. 哪些財產屬於夫妻一方的個人財產？

《中華人民共和國民法典》

第一千零六十三條　下列財產為夫妻一方的個人財產：

（一）一方的婚前財產；

（二）一方因受到人身損害獲得的賠償或者補償；

（三）遺囑或者贈與合同中確定只歸一方的財產；

（四）一方專用的生活用品；

（五）其他應當歸一方的財產。

 普法講堂

　　夫妻一方個人財產，是指夫妻在實行共同財產所有制的同時，依照法律規定或雙方約定，各自保留一定範圍的個人所有財產，並對該財產享有獨立地管理、使用、收益和處分的權利，其他人不得干涉。夫妻一方個人財產的規定彌補了共同財產制對個人權利和意願關注不夠的缺陷，防止共同財產範圍的無限延伸，有利於保護個人財產權利。具體而言，夫妻一方個人財產包括：（1）一方的婚前財產，如婚前購買的房屋、汽車等；（2）一方因受到人身損害獲得的賠償或補償，如因人身損害獲得的醫療費等；（3）遺囑或者贈與合同中確定只歸一方的財產；（4）一方專用的生活用品，如個人的衣物、鞋帽等；（5）其他應當歸一方的財產。

8. 哪些債務屬於夫妻的共同債務？

《中華人民共和國民法典》

第一千零六十四條　夫妻雙方共同簽名或者夫妻一方事後追認等共同意思表示所負的債務，以及夫妻一方在婚姻關係存續期間以個人名義為家庭日常生活需要所負的債務，屬於夫妻共同債務。

夫妻一方在婚姻關係存續期間以個人名義超出家庭日常生活需要所負的債務，不屬於夫妻共同債務；但是，債權人能夠證明該債務用於夫妻共同生活、共同生產經營或者基於夫妻雙方共同意思表示的除外。

 **普法講堂**

　　夫妻共同債務，是指在婚姻關係存續期間，經夫妻雙方共同意思表示所負的債務或者夫妻雙方或一方為家庭日常生活需要所負的債務。具體而言，夫妻共同債務有三種：一是基於雙方共同意思表示所負的債務，如雙方共同簽名或夫妻一方事後追認所負債務；二是夫妻雙方或一方為家庭日常生活需要所負的債務；三是夫妻一方超出家庭日常生活需要所負債務，且能夠證明該債務用於夫妻共同生活、共同生產經營或者是基於夫妻雙方共同意思表示所負。

9. 夫妻可以約定將婚姻關係存續期間取得的財產歸各自所有嗎？

《中華人民共和國民法典》

第一千零六十五條　男女雙方可以約定婚姻關係存續期間所得的財產以及婚前財產歸各自所有、共同所有或者部分各自所有、部分共同所有。約定應當採用書面形式。沒有約定或者約定不明確的，適用本法第一千零六十二條、第一千零六十三條的規定。

夫妻對婚姻關係存續期間所得的財產以及婚前財產的約定，對雙方具有法律約束力。

夫妻對婚姻關係存續期間所得的財產約定歸各自所有，夫或者妻一方對外所負的債務，相對人知道該約定的，以夫或者妻一方的個人財產清償。

你也知道我們對財產作了約定，他借的錢與我無關。

你老公自從借錢後就一直聯繫不上，你要替他還！

幸福小區

⚖ 普法講堂

　　夫妻約定財產制，是指法律允許夫妻用協議的方式，對夫妻在婚前和婚姻關係存續期間所得財產的所有權歸屬、管理、使用、收益、處分以及對第三人債務的清償、婚姻解除時財產的分割等事項作出約定，從而排除或部分排除夫妻法定財產制適用的制度。採取夫妻約定財產制需要注意以下三點：一是該約定必須是夫妻雙方具備完全民事行為能力且在自願的情況下作出的內容合法的約定；二是該約定應當採用書面形式；三是該約定不得對抗第三人，但第三人知道該約定的除外。

10. 哪些情形下，夫妻一方可以請求分割共同財產？

《中華人民共和國民法典》

第一千零六十六條　婚姻關係存續期間，有下列情形之一的，夫妻一方可以向人民法院請求分割共同財產：

（一）一方有隱藏、轉移、變賣、毀損、揮霍夫妻共同財產或者偽造夫妻共同債務等嚴重損害夫妻共同財產利益的行為；

（二）一方負有法定扶養義務的人患重大疾病需要醫治，另一方不同意支付相關醫療費用。

普法講堂

　　一般情形下，夫妻一方請求分割財產須以提起離婚訴訟為前提，婚姻關係存續期間，夫妻一方請求分割共同財產的，原則上法院不予支持。但是，以下兩種情形除外：一是夫妻一方有嚴重損害夫妻共同財產利益的行為；二是夫妻一方負有法定扶養義務的人患重大疾病需要醫治，另一方不同意支付相關醫療費用。夫妻雙方對共同財產享有平等的所有權和處理權，當夫妻一方有上述兩種行為的任意一種時，法律賦予另一方在維持婚姻關係的前提下獲得救助的權利。

11. 對親子關係有異議的，父或母可以請求確認或否認親子關係嗎？

《中華人民共和國民法典》

第一千零七十三條　對親子關係有異議且有正當理由的，父或者母可以向人民法院提起訴訟，請求確認或者否認親子關係。

對親子關係有異議且有正當理由的，成年子女可以向人民法院提起訴訟，請求確認親子關係。

普法講堂

　　夫妻一方對親子關係有異議且有正當理由的，可以向法院提起親子關係確認或否認之訴，以明確親子的血緣關係，保障當事人的正當權益，使應盡義務的人不致逃避責任，以實現法律的公正。需要注意兩點：一是親子關係確認或否認之訴的主體是夫妻一方，成年子女只能提出親子關係確認之訴；二是當事人提出親子關係確認或否認之訴時應當有正當理由，即應當承擔相應的舉證責任。

12. 夫妻雙方如何申請協議離婚？

《中華人民共和國民法典》

第一千零七十六條　夫妻雙方自願離婚的，應當簽訂書面離婚協議，並親自到婚姻登記機關申請離婚登記。

離婚協議應當載明雙方自願離婚的意思表示和對子女撫養、財產以及債務處理等事項協商一致的意見。

 **普法講堂**

　　協議離婚，是指婚姻關係當事人達成離婚合意並通過婚姻登記程序解除婚姻關係的法律制度。其有兩個主要特徵：一是當事人雙方應當簽訂書面離婚協議，且在離婚、子女和財產問題上意願一致，並體現在離婚協議中；二是按照婚姻登記程序親自到婚姻登記機關辦理離婚登記，取得離婚證，即解除婚姻關係。

13. 夫妻雙方訴訟離婚要符合哪些條件？

《中華人民共和國民法典》

第一千零七十九條第三款至第五款

有下列情形之一，調解無效的，應當准予離婚：

（一）重婚或者與他人同居；

（二）實施家庭暴力或者虐待、遺棄家庭成員；

（三）有賭博、吸毒等惡習屢教不改；

（四）因感情不和分居滿二年；

（五）其他導致夫妻感情破裂的情形。

一方被宣告失蹤，另一方提起離婚訴訟的，應當准予離婚。

經人民法院判決不准離婚後，雙方又分居滿一年，一方再次提起離婚訴訟的，應當准予離婚。

⚖️ 普法講堂

　　訴訟離婚，是婚姻當事人向人民法院提出離婚請求，由人民法院調解或判決而解除其婚姻關係的一項離婚制度。訴訟離婚的法定必要條件是感情確已破裂，調解無效。訴訟離婚且能獲得法院准予離婚的情形主要有三個：（1）有重婚或者與他人同居，實施家庭暴力或者虐待、遺棄家庭成員，有賭博、吸毒等惡習屢教不改，感情不和分居滿二年，上述任一情形且調解無效的應准予離婚；（2）一方被宣告失蹤，另一方提起離婚訴訟的，應當准予離婚；（3）法院判決不准離婚後分居滿一年，一方再次提起離婚訴訟的，應當准予離婚。

14. 父母離婚時，如何確定子女撫養權的歸屬？

《中華人民共和國民法典》

第一千零八十四條　父母與子女間的關係，不因父母離婚而消除。離婚後，子女無論由父或者母直接撫養，仍是父母雙方的子女。

離婚後，父母對於子女仍有撫養、教育、保護的權利和義務。

離婚後，不滿兩週歲的子女，以由母親直接撫養為原則。已滿兩週歲的子女，父母雙方對撫養問題協議不成的，由人民法院根據雙方的具體情況，按照最有利於未成年子女的原則判決。子女已滿八週歲的，應當尊重其真實意願。

 普法講堂

　　婚姻關係解除後，夫妻雙方基於婚姻而存在的人身關係和財產關係歸於消滅，但父母與子女之間存有的血親關係不因父母離婚而消除。離婚後，父母仍對子女負有撫養、教育、保護的權利和義務。離婚雖然不能消除父母與子女之間的關係，但撫養方式卻會因離婚而發生變化。當父母對子女的撫養問題發生爭議時，有利於子女身心健康、保障子女的合法權益，是確定子女撫養權歸屬問題的出發點和基本原則。

15. 離婚時，夫妻共同財產怎麼分？

《中華人民共和國民法典》

第一千零八十七條　離婚時，夫妻的共同財產由雙方協議處理；協議不成的，由人民法院根據財產的具體情況，按照照顧子女、女方和無過錯方權益的原則判決。

對夫或者妻在家庭土地承包經營中享有的權益等，應當依法予以保護。

 普法講堂

　　法律允許夫妻雙方在離婚時就財產問題自行協商處理。對於未達成協議的，則由法院在分清個人財產、夫妻共同財產的前提下，根據具體情況，按照照顧子女、女方和無過錯方權益的原則判決。在大多數情況下，夫妻離婚，家庭成員中的未成年子女和女方多是不幸婚姻的受害者，因此離婚財產分割時需要特別強調對子女和女方權益的保障。當然，隨著時代的發展，男女雙方都有可能成為不幸婚姻的受害者，照顧無過錯方的權益也體現了法律的公平公正。

16. 想收養子女，收養人應當符合什麼條件？

《中華人民共和國民法典》

第一千零九十八條　收養人應當同時具備下列條件：

（一）無子女或者只有一名子女；

（二）有撫養、教育和保護被收養人的能力；

（三）未患有在醫學上認為不應當收養子女的疾病；

（四）無不利於被收養人健康成長的違法犯罪記錄；

（五）年滿三十週歲。

⚖️ **普法講堂**

　　收養應當有利於被收養的未成年人的撫養、成長，因此收養人應當具備一定的經濟條件、健康條件和撫養、保護、教育子女的能力。具體而言，收養人應當同時具備六個條件：一是無子女或只有一名子女；二是有撫養、教育和保護被收養人的能力，主要包括經濟條件、健康條件等；三是未患有在醫學上認為不應當收養子女的疾病，主要指影響被收養人成長的精神疾病或其他嚴重疾病；四是無不利於被收養人健康成長的違法犯罪記錄，以保障被收養人的健康成長；五是年滿三十週歲，無配偶者收養異性子女的，收養人與被收養人的年齡應當相差四十週歲以上；六是有配偶者收養子女，應當夫妻共同收養。

第六編
繼　承

1. 自然人死亡後哪些財產屬於遺產？

《中華人民共和國民法典》

第一千一百二十二條　遺產是自然人死亡時遺留的個人合法財產。

依照法律規定或者根據其性質不得繼承的遺產，不得繼承。

第一千一百五十三條　夫妻共同所有的財產，除有約定的外，遺產分割時，應當先將共同所有的財產的一半分出為配偶所有，其餘的為被繼承人的遺產。

遺產在家庭共有財產之中的，遺產分割時，應當先分出他人的財產。

普法講堂

　　個人合法財產是指公民自己通過勞動、接受贈與、繼承等方式取得的財產，具體包括以下幾類：(1) 公民的各種合法收入；(2) 房屋、儲蓄和生活用品；(3) 林木、牲畜和家禽；(4) 個人收藏的文物、圖書資料；(5) 法律允許公民所有的生產資料；(6) 著作權、專利權中的財產權利；(7) 其他合法財產。需要注意的是，夫妻中一方死亡的，需要先分割夫妻共同財產之後，屬於死亡一方的財產才可以作為遺產繼承。

2. 喪偶兒媳可以繼承公婆的遺產嗎？

《中華人民共和國民法典》

第一千一百二十九條 喪偶兒媳對公婆，喪偶女婿對岳父母，盡了主要贍養義務的，作為第一順序繼承人。

兒子走了之後，多虧有你照顧我，我去世之後咱家的房子就留給你和孫子了。

⚖️ 普法講堂

　　喪偶兒媳（女婿）享有繼承權的前提條件是對公婆（岳父母）盡到了主要贍養義務，這種義務體現在提供生活費及物質生活資料、照顧老人的日常生活、精神照料等方面。

3. 公民可以通過哪些方式立遺囑？

《中華人民共和國民法典》

第一千一百三十八條　遺囑人在危急情況下，可以立口頭遺囑。口頭遺囑應當有兩個以上見證人在場見證。危急情況消除後，遺囑人能夠以書面或者錄音錄像形式立遺囑的，所立的口頭遺囑無效。

普法講堂

　　口頭遺囑在滿足一定條件時是有效的，但是為了避免糾紛，建議儘量採用以下幾種方式立遺囑：（1）自書遺囑，即自己親筆書寫並簽名的遺囑，須註明年、月、日；（2）代書遺囑，即請他人代為書寫的遺囑，應當有兩個以上的見證人在場見證，見證人之一可以代書，並由遺囑人、代書人和其他見證人簽名，注明年、月、日；（3）打印遺囑，即通過技術設備書寫、打印的遺囑，應當有兩個以上見證人在場見證，遺囑人和見證人應當在遺囑每一頁簽名，註明年、月、日；（4）錄音錄像遺囑，即以錄音錄像形式立的遺囑，應當有兩個以上見證人在場見證，遺囑人和見證人應當在錄音錄像中記錄其姓名或者肖像，以及年、月、日；（5）公證遺囑，即由遺囑人經公證機構辦理的遺囑。除自書遺囑和公證遺囑外，以其他方式立遺囑時均需要邀兩名以上見證人見證並簽名，否則遺囑無效。

4. 遺囑人立了多份遺囑，最後應該以哪份為準？

《中華人民共和國民法典》

第一千一百四十二條　遺囑人可以撤回、變更自己所立的遺囑。

立遺囑後，遺囑人實施與遺囑內容相反的民事法律行為的，視為對遺囑相關內容的撤回。

立有數份遺囑，內容相抵觸的，以最後的遺囑為準。

普法講堂

　　立遺囑之後感到後悔了，可以將遺囑全部撤回，使其自始不發生效力；也可以只對部分內容進行修改變更，其他部分仍然有效；還可以立一份新的遺囑，使舊的遺囑自動失效。立有數份遺囑，均為遺囑人真實意思表示，且內容相抵觸的，以最後立的那份遺囑內容為準。《民法典》取消了之前以最後所立公證遺囑為準的法律規定。公證遺囑具有與其他形式的遺囑同等的法律效力。

5. 怎樣辦理公證遺囑？

《中華人民共和國民法典》

第一千一百三十九條　公證遺囑由遺囑人經公證機構辦理。

⚖ 普法講堂

　　申辦公證遺囑，遺囑人應當填寫公證申請表，並提交下列證件和材料：（1）居民身份證或者其他身份證件；（2）遺囑涉及的財產憑證，如房地產權證、存款證明、股權證明等；（3）公證人員認為應當提交的其他材料。

6. 子女虐待父母，情節嚴重的，還能繼承父母的遺產嗎？

《中華人民共和國民法典》

第一千一百二十五條第一款　繼承人有下列行為之一的，喪失繼承權：

（一）故意殺害被繼承人；

（二）為爭奪遺產而殺害其他繼承人；

（三）遺棄被繼承人，或者虐待被繼承人情節嚴重；

（四）偽造、篡改、隱匿或者銷毀遺囑，情節嚴重；

（五）以欺詐、脅迫手段迫使或者妨礙被繼承人設立、變更或者撤回遺囑，情節嚴重。

 普法講堂

　　子女繼承父母的遺產天經地義，但是很多不孝子女平時對父母不管不問，不僅不盡孝道，甚至還虐待、遺棄父母，情節嚴重，父母去世後卻只想著怎麼分遺產。因此法律規定繼承人有上述行為的，喪失繼承權。但是《民法典》新增了寬宥制度，即繼承人確有悔改表現，被繼承人表示寬恕或者事後在遺囑中將其列為繼承人的，該繼承人不喪失繼承權。這一制度體現了被繼承人處分遺產的自主意願，符合民法意思自治的基本原則。

7. 父母去世後，孫子女可以代位繼承自己祖父母的遺產嗎？

《中華人民共和國民法典》

第一千一百二十八條 被繼承人的子女先於被繼承人死亡的，由被繼承人的子女的直系晚輩血親代位繼承。

被繼承人的兄弟姐妹先於被繼承人死亡的，由被繼承人的兄弟姐妹的子女代位繼承。

代位繼承人一般只能繼承被代位繼承人有權繼承的遺產份額。

 **普法講堂**

代位繼承，又稱間接繼承，是指在沒有遺囑的法定繼承中，被繼承人的子女先於被繼承人死亡的，被繼承人的子女的晚輩直系血親代替其父母的繼承順序繼承被繼承人的遺產的法律制度。被繼承人的孫子女、外孫子女或曾孫子女、外曾孫子女等都享有代位繼承權。代位繼承不受輩數限制。被繼承人的兄弟姐妹的子女享有代位繼承權是《民法典》的新增內容，根據這一規定，侄兒、侄女、外甥、外甥女可以代位繼承叔伯、姑姑、舅舅、姨母的遺產。這一制度可以避免遺產無人繼承，保持遺產在親屬之間流轉，符合我國的繼承傳統。

8. 沒有遺囑的法定繼承，如何確定繼承人的順序和範圍？

《中華人民共和國民法典》

第一千一百二十七條第一款、第二款　遺產按照下列順序繼承：

（一）第一順序：配偶、子女、父母；

（二）第二順序：兄弟姐妹、祖父母、外祖父母。

繼承開始後，由第一順序繼承人繼承，第二順序繼承人不繼承；沒有第一順序繼承人繼承的，由第二順序繼承人繼承。

普法講堂

　　若公民在去世之前沒有留下任何遺囑，則去世之後的遺產將按照法律規定的繼承順序和分配比例進行分割。遺產第一順序的繼承人為配偶、子女和父母。他們各自繼承的份額，一般應當均等。喪偶兒媳對公婆、喪偶女婿對岳父母，盡了主要贍養義務的，作為第一順序繼承人。子女，包括婚生子女、非婚生子女、養子女和有扶養關係的繼子女。父母，包括生父母、養父母和有扶養關係的繼父母。兄弟姐妹，包括同父母的兄弟姐妹、同父異母或者同母異父的兄弟姐妹、養兄弟姐妹、有扶養關係的繼兄弟姐妹。

9. 繼承人繼承遺產的份額，應當如何確定？

《中華人民共和國民法典》

第一千一百三十條　同一順序繼承人繼承遺產的份額，一般應當均等。

對生活有特殊困難又缺乏勞動能力的繼承人，分配遺產時，應當予以照顧。

對被繼承人盡了主要扶養義務或者與被繼承人共同生活的繼承人，分配遺產時，可以多分。

有扶養能力和有扶養條件的繼承人，不盡扶養義務的，分配遺產時，應當不分或者少分。

繼承人協商同意的，也可以不均等。

⚖ **普法講堂**

　　在適用這一條時應注意以下幾點：（1）生活有特殊困難又缺乏勞動能力，是指繼承人沒有獨立的經濟來源或者經濟收入難以維持最低生活水平，並且因年老、疾病等無法從事勞動；（2）對被繼承人盡了主要扶養義務，不僅是指較多地照顧被繼承人的日常生活，還包括沒有照顧但提供較多生活費、生活資料等物質幫助；（3）並不是所有與被繼承人共同生活的繼承人都可以多分，只有對被繼承人的生活照顧較多的才可以多分，長期打罵、虐待、不盡扶養義務的，即使共同生活也應當不分或者少分。

10. 在沒有遺囑的情況下，法定繼承人以外的人可以分得遺產嗎？

《中華人民共和國民法典》

第一千一百三十一條　對繼承人以外的依靠被繼承人扶養的人，或者繼承人以外的對被繼承人扶養較多的人，可以分給適當的遺產。

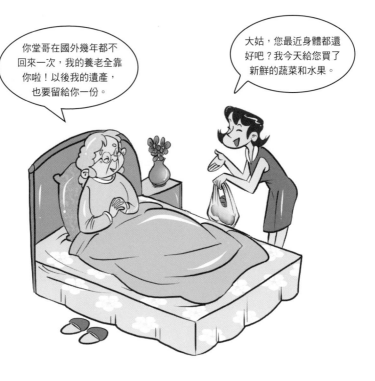

 普法講堂

　　法定繼承人以外的人要分得遺產，需要滿足兩個條件：一是依靠被繼承人扶養；二是對被繼承人扶養較多。這兩個條件不要求同時滿足，符合其中一項即可。對於第一類人，如果不分給適當的遺產，其有可能失去賴以生存的物質生活資料；對於第二類人，其沒有扶養義務，而出於道德自覺自願扶養被繼承人，應當分給適當遺產作為補償和鼓勵。

11. 哪些遺囑屬於無效遺囑？

《中華人民共和國民法典》

第一千一百四十三條　無民事行為能力人或者限制民事行為能力人所立的遺囑無效。

遺囑必須表示遺囑人的真實意思，受欺詐、脅迫所立的遺囑無效。

偽造的遺囑無效。

遺囑被篡改的，篡改的內容無效。

普法講堂

　　遺囑全部無效的，自始不發生效力，如果被繼承人沒有立新的遺囑，那麼遺產將被按照法定繼承的規定處理。遺囑部分無效的，其他內容仍然有效，繼續實行，無效部分涉及的財產既可以按照法定繼承處理，也可以由被繼承人另立遺囑進行處理。

12. 繼承開始後，由誰來處理遺產分割事宜？

《中華人民共和國民法典》

第一千一百四十五條　繼承開始後，遺囑執行人為遺產管理人；沒有遺囑執行人的，繼承人應當及時推選遺產管理人；繼承人未推選的，由繼承人共同擔任遺產管理人；沒有繼承人或者繼承人均放棄繼承的，由被繼承人生前住所地的民政部門或者村民委員會擔任遺產管理人。

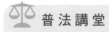

普法講堂

　　繼承開始後，由遺產管理人來處理遺產分割事宜。為了維護全體繼承人的利益，防止遺產被隱匿、盜竊，或者發生毀壞和滅失，《民法典》新確立了遺產管理人制度。遺產管理人應當履行清理遺產並製作遺產清單、向繼承人報告遺產情況、採取必要措施防止遺產毀損或滅失、處理被繼承人的債權債務、按照遺囑或者法律規定分割遺產，以及實施與管理遺產有關的其他必要行為的職責。

13. 遺產分割時要為未出生的胎兒保留特定的繼承份額嗎？

《中華人民共和國民法典》

　　第一千一百五十五條　遺產分割時，應當保留胎兒的繼承份額。胎兒娩出時是死體的，保留的份額按照法定繼承辦理。

⚖ 普法講堂

　　我國法律保護胎兒的繼承權。胎兒出生時是活體的，可以繼承遺產。胎兒是被繼承人未出生的子女，為其保留的遺產份額應當與已出生的子女相當。如果遺產分割時沒有為胎兒保留必要的份額，就要從各繼承人已經繼承的份額中扣回。父母沒有結婚的，對胎兒的繼承權不產生影響。

14. 什麼是遺贈扶養協議？

《中華人民共和國民法典》

第一千一百五十八條　自然人可以與繼承人以外的組織或者個人簽訂遺贈扶養協議。按照協議，該組織或者個人承擔該自然人生養死葬的義務，享有受遺贈的權利。

老李，您就放心吧，將來您的身後事由村委會負責料理。

普法講堂

中國正逐步進入老齡化社會，養老問題成為亟待解決的社會問題。為了避免一些孤寡老人陷入無人照顧的困境，《民法典》規定自然人可以與繼承人以外的村民委員會、居民委員會、工作單位或者其他組織、個人簽訂遺贈扶養協議，以對方盡到扶養義務為取得遺產的條件，確保自己老有所養。義務人必須按照協議的約定履行義務，沒有盡到扶養義務的，即使簽訂了協議，也不能取得遺產。

15. 子女需要替已去世的父母還債嗎？

《中華人民共和國民法典》

第一千一百五十九條　分割遺產，應當清償被繼承人依法應當繳納的稅款和債務；但是，應當為缺乏勞動能力又沒有生活來源的繼承人保留必要的遺產。

第一千一百六十一條　繼承人以所得遺產實際價值為限清償被繼承人依法應當繳納的稅款和債務。超過遺產實際價值部分，繼承人自願償還的不在此限。

繼承人放棄繼承的，對被繼承人依法應當繳納的稅款和債務可以不負清償責任。

普法講堂

　　子女應當先用父母的遺產清償債務，剩餘的遺產再進行分配。清償債務以遺產的實際價值為限，超出遺產實際價值的部分，子女沒有清償義務。當然，子女自願清償的除外。在法定繼承和遺囑繼承、遺贈同時存在的情況下，應當先以法定繼承的遺產來清償債務，超過的部分，由遺囑繼承人和受遺贈人按比例以所得遺產清償。

16. 在法定繼承、遺囑、遺贈扶養協議並存的情況下，哪個效力優先？

《中華人民共和國民法典》

第一千一百二十三條 繼承開始後，按照法定繼承辦理；有遺囑的，按照遺囑繼承或者遺贈辦理；有遺贈扶養協議的，按照協議辦理。

> 按照法律規定，我們倆應該平分遺產。

> 可是遺囑裏寫了由我繼承所有遺產。

> 別急，根據遺贈扶養協議的規定，老劉生前的存款全部捐給村委會。

普法講堂

根據法律規定，遺贈扶養協議的效力優先於遺囑，遺囑的效力優先於法定繼承。這樣規定是因為遺贈扶養協議和遺囑充分體現了被繼承人自由處分個人財產的獨立意志，法律予以尊重和完善。而遺贈扶養協議中的扶養人對生前的被繼承人盡到了扶養義務，出於權利與義務對等的原則，應當讓其按照協議優先取得遺產。

第七編
侵權責任

1. 自甘風險參加文體活動受傷的，由誰承擔侵權責任？

《中華人民共和國民法典》

第一千一百七十六條　自願參加具有一定風險的文體活動，因其他參加者的行為受到損害的，受害人不得請求其他參加者承擔侵權責任；但是，其他參加者對損害的發生有故意或者重大過失的除外。

活動組織者的責任適用本法第一千一百九十八條至第一千二百零一條的規定。

普法講堂

　　參加對抗性較強的文體活動容易受傷，但因為參加者是自願參與這些活動的，應當充分認識到這些活動的危險性，由此產生的正常風險應當由參加者自己承擔，這就是"自甘風險"的原則。所以在比賽中一方如果因其他參加者的非故意或重大過失行為而受到較輕損害的，受害人不得請求其他參加者承擔侵權責任。但是活動組織者未盡到安全保障義務的，仍需要承擔侵權責任。

2. 合法權益正在被侵害的，受害人可以採取自助行為嗎？

《中華人民共和國民法典》

第一千一百七十七條 合法權益受到侵害，情況緊迫且不能及時獲得國家機關保護，不立即採取措施將使其合法權益受到難以彌補的損害的，受害人可以在保護自己合法權益的必要範圍內採取扣留侵權人的財物等合理措施；但是，應當立即請求有關國家機關處理。

受害人採取的措施不當造成他人損害的，應當承擔侵權責任。

普法講堂

　　自然人在自己的合法權益受到侵害，來不及請求國家機關保護的情況下，可以自己採取必要的措施保護權益。在這種情況下，自然人的自助行為應當免責。"自助行為"免責制度賦予了自然人在一定條件下自我保護的權利，是對國家機關保護的有益補充。明確規定"自助行為"免責制度，對保護自然人的人身、財產權益具有現實意義，也有利於對這種行為進行規範。

3. 傳家寶被他人故意損壞，可以請求精神損害賠償嗎？

《中華人民共和國民法典》

第一千一百八十三條　侵害自然人人身權益造成嚴重精神損害的，被侵權人有權請求精神損害賠償。

因故意或者重大過失侵害自然人具有人身意義的特定物造成嚴重精神損害的，被侵權人有權請求精神損害賠償。

 普法講堂

　　《民法典》增加的這條規定擴大了精神損害賠償的適用範圍。因故意或者重大過失侵害他人具有人身意義的特定物品，比如損毀了他人的傳家寶、結婚紀念照、遺照、孩子的胎毛筆、畢業證書等，造成物主嚴重精神損害的，不僅要按照物品本身的市場價格進行賠償，還應當對給物主造成的精神損害進行賠償。這裏需要注意的是，該規定必須是在侵權人有故意或者重大過失，造成了物主嚴重精神損害的情況下才適用。在侵權人一般過失的情況下不適用該條規定。

4. 專利產品被他人仿冒侵權，可以請求懲罰性賠償嗎？

《中華人民共和國民法典》

第一千一百八十五條　故意侵害他人知識產權，情節嚴重的，被侵權人有權請求相應的懲罰性賠償。

競爭企業故意仿冒我們的專利產品惡意競爭，在市場上獲利頗豐，我們該怎麼辦？

這屬於侵犯你們知識產權的行為，可以請求懲罰性賠償！

⚖ 普法講堂

知識產權屬於智力成果，具有無形性，被侵害後很難確定實際損失。而且知識產權一旦遭受侵害，將難以恢復原狀，因此有必要通過懲罰性賠償救濟受害人，並懲罰侵權人。為了切實加強對知識產權的保護，顯著提高知識產權侵權的違法成本，充分發揮法律的威懾作用，《民法典》規定了侵犯知識產權的懲罰性賠償制度。這有利於激勵當事人通過許可使用的方式行使知識產權，鼓勵創新；也有助於強化企業對知識產權保護的信心，大大提升我國的創新環境和營造良好營商環境。

5. 委託他人看管時孩子打傷別人的，由誰承擔侵權責任？

《中華人民共和國民法典》

第一千一百八十九條　無民事行為能力人、限制民事行為能力人造成他人損害，監護人將監護職責委託給他人的，監護人應當承擔侵權責任；受託人有過錯的，承擔相應的責任。

普法講堂

　　監護人應當對無民事行為能力人、限制民事行為能力人盡到教育、引導的職責。無民事行為能力人、限制民事行為能力人造成他人損害的，由監護人承擔侵權責任。在監護人將監護職責委託給他人的情形下，仍然應由監護人承擔侵權責任。但是如果能夠證明受託人有過錯的，受託人也應當承擔相應的責任。這有助於督促受託人切實履行好監護職責，避免他們因怠於履行職責而造成更多侵權行為的發生。

6. 對網絡侵權行為，網站未及時採取必要措施阻止的，需要承擔責任嗎？

《中華人民共和國民法典》

第一千一百九十五條　網絡用戶利用網絡服務實施侵權行為的，權利人有權通知網絡服務提供者採取刪除、屏蔽、斷開鏈接等必要措施。通知應當包括構成侵權的初步證據及權利人的真實身份信息。

網絡服務提供者接到通知後，應當及時將該通知轉送相關網絡用戶，並根據構成侵權的初步證據和服務類型採取必要措施；未及時採取必要措施的，對損害的擴大部分與該網絡用戶承擔連帶責任。

權利人因錯誤通知造成網絡用戶或者網絡服務提供者損害的，應當承擔侵權責任。法律另有規定的，依照其規定。

⚖ **普法講堂**

　　隨著互聯網的快速發展，網絡侵權行為越來越複雜。為了更好地保護權利人的利益，平衡好網絡用戶和網絡服務提供者之間的利益，《民法典》明確規定，被網絡用戶侵權的權利人有權在提交初步證據和自己的真實身份信息後，通知網絡服務提供者採取刪除、屏蔽、斷開鏈接等必要措施。網絡服務提供者接到通知後，應當及時將該通知轉送相關網絡用戶，並根據構成侵權的初步證據和服務類型採取必要措施。未及時採取措施的，對損害的擴大部分要與該網絡用戶承擔連帶責任。但是如果權利人因錯誤通知造成網絡用戶或者網絡服務提供者損害的，也應當承擔侵權責任。

7. 產品上市後存在缺陷，購買者有權要求生產者和銷售者召回產品嗎？

《中華人民共和國民法典》

第一千二百零六條 產品投入流通後發現存在缺陷的，生產者、銷售者應當及時採取停止銷售、警示、召回等補救措施；未及時採取補救措施或者補救措施不力造成損害擴大的，對擴大的損害也應當承擔侵權責任。

依據前款規定採取召回措施的，生產者、銷售者應當負擔被侵權人因此支出的必要費用。

 **普法講堂**

　　因產品缺陷造成他人損害的，被侵權人可以向產品的生產者請求賠償，也可以向產品的銷售者請求賠償。同樣，產品投入流通後發現存在缺陷的，生產者、銷售者應當及時採取停止銷售、警示、召回等補救措施。未及時採取補救措施或者補救措施不力造成損害擴大的，生產者和銷售者也應當對擴大的損害承擔侵權責任。並且，《民法典》增加規定，採取召回措施的，生產者、銷售者應當負擔被侵權人因此支出的必要費用。

8. 借車駕駛發生交通事故，是實際駕駛人還是車主承擔賠償責任？

《中華人民共和國民法典》

第一千二百零九條　因租賃、借用等情形機動車所有人、管理人與使用人不是同一人時，發生交通事故造成損害，屬於該機動車一方責任的，由機動車使用人承擔賠償責任；機動車所有人、管理人對損害的發生有過錯的，承擔相應的賠償責任。

普法講堂

　　上路行駛的車輛發生交通事故後，應當首先由保險公司在機動車交通事故強制責任保險的責任限額內，對被保險機動車造成受害人的人身傷亡、財產損失予以賠償。不足部分，由承保機動車商業保險的保險人按照保險合同的約定予以賠償。仍然不足或者沒有投保機動車商業保險的，則按照《民法典》的規定確定侵權人的賠償責任。

　　租賃、借用他人機動車，一旦發生交通事故，實際使用人與機動車的所有人和管理人不是同一人的，如果屬於該機動車一方責任，機動車使用人應當承擔賠償責任。但是如果機動車所有人、管理人對損害的發生有過錯的，比如提供的車輛存在缺陷而導致交通事故，或將車輛出借給沒有機動車駕駛證的使用人、醉酒的使用人等情形，則其也應當承擔相應的賠償責任。

9. 免費搭乘順風車受傷，駕駛人是否需要賠償受害人？

《中華人民共和國民法典》

第一千二百一十七條　非營運機動車發生交通事故造成無償搭乘人損害，屬於該機動車一方責任的，應當減輕其賠償責任，但是機動車使用人有故意或者重大過失的除外。

普法講堂

　　助人為樂是中華民族的傳統美德。為了既保護受害者的權益，又鼓勵大家助人為樂，《民法典》增加了非營運機動車無償搭客造成損害的責任規則。無償搭客發生交通事故造成無償搭乘人損害，且屬於該機動車一方責任的，應當減輕其賠償責任，但機動車使用人有故意或者重大過失情形的除外。

10. 醫務人員在治療過程中，必須要向患者履行說明義務嗎？

《中華人民共和國民法典》

第一千二百一十九條　醫務人員在診療活動中應當向患者說明病情和醫療措施。需要實施手術、特殊檢查、特殊治療的，醫務人員應當及時向患者具體說明醫療風險、替代醫療方案等情況，並取得其明確同意；不能或者不宜向患者說明的，應當向患者的近親屬說明，並取得其明確同意。

醫務人員未盡到前款義務，造成患者損害的，醫療機構應當承擔賠償責任。

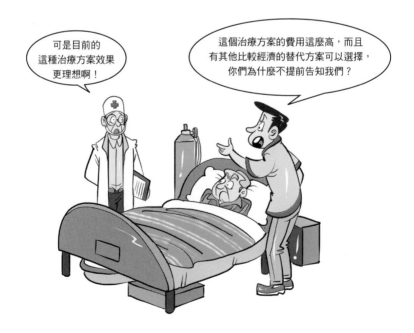

⚖ 普法講堂

　　為了保障患者的知情同意權，《民法典》明確規定了醫務人員的說明義務。醫務人員在診療過程中，要向患者說明病情和醫療措施。需要實施手術、特殊檢查、特殊治療的，醫務人員應當及時向患者具體說明醫療風險、替代醫療方案等情況，並取得其明確同意；不能或者不宜向患者說明的，應當向患者的近親屬說明，並取得其明確同意。當患者將採用價格較貴的特殊治療時，醫療機構未告知患者其他替代性方案可供其根據自身經濟狀況、受傷情況自由選擇的，即侵害了患者的知情同意權，存在過錯，導致患者的額外經濟損失，醫療機構應承擔賠償責任。

11. 醫院洩露患者的隱私和個人信息的，應當承擔侵權責任嗎？

《中華人民共和國民法典》

第一千二百二十六條　醫療機構及其醫務人員應當對患者的隱私和個人信息保密。洩露患者的隱私和個人信息，或者未經患者同意公開其病歷資料的，應當承擔侵權責任。

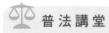

普法講堂

　　醫療機構及其醫務人員有對患者的個人信息保密的義務。洩露患者隱私和個人信息，或者擅自公開患者病歷資料，是一種較為嚴重的侵權行為，有可能對患者的工作、學習和生活造成重大影響。為了遏制這種行為，《民法典》規定，洩露患者隱私、個人信息或者病歷資料的，無論該行為對患者是否造成損害，醫療機構及其醫務人員都應當承擔侵權責任。患者遭受該種侵權行為侵害的，可以收集相關證據到法院提起訴訟。

12. 在醫院違法鬧事需要承擔法律責任嗎？

《中華人民共和國民法典》

第一千二百二十八條　醫療機構及其醫務人員的合法權益受法律保護。

干擾醫療秩序，妨礙醫務人員工作、生活，侵害醫務人員合法權益的，應當依法承擔法律責任。

普法講堂

　　"醫鬧"的主體一般是患者、患者家屬及其親朋好友。常見的"醫鬧"方式主要有侵犯醫務人員人身安全（毆打醫務人員、跟蹤醫務人員等），在醫療場所舉辦喪葬活動（醫院設靈堂、違規停屍、焚燒紙錢、擺放花圈等），破壞醫療場所設施（打砸財物、破壞醫療設施），在醫療場所滯留（在診室、醫師辦公室、醫院領導辦公室內滯留及阻礙他人就醫等）等。"醫鬧"行為如果對醫療機構的醫療設備、公共設施等財產造成破壞，以及對醫務人員造成人身傷害的，帶頭鬧事的人員除將承擔刑事責任外，還將承擔民事賠償責任。任何擾亂醫療機構的正常診療秩序、危害醫務人員人身安全的行為都將受到法律的懲罰。

13. 實施污染環境、破壞生態的行為，侵權人應當承擔什麼責任？

《中華人民共和國民法典》

第一千二百三十四條　違反國家規定造成生態環境損害，生態環境能夠修復的，國家規定的機關或者法律規定的組織有權請求侵權人在合理期限內承擔修復責任。侵權人在期限內未修復的，國家規定的機關或者法律規定的組織可以自行或者委託他人進行修復，所需費用由侵權人負擔。

普法講堂

　　因污染環境、破壞生態造成他人損害的，侵權人應當承擔侵權責任。這種責任是無過錯責任，即不管侵權人是否有主觀過錯，只要其實施了污染環境、破壞生態的行為，並造成了損害，就應當承擔侵權損害賠償責任。為了加大生態系統保護力度，《民法典》還增加規定了生態環境損害的懲罰性賠償制度以及生態環境損害的修復和賠償制度，即侵權人不僅要賠償損失，如果破壞的生態是能夠修復的，還需要承擔修復責任。如果破壞生態造成的後果嚴重的，受害人還可以請求懲罰性賠償。

14. 飼養的寵物犬咬傷鄰居，由誰承擔侵權責任？

《中華人民共和國民法典》

第一千二百四十五條　飼養的動物造成他人損害的，動物飼養人或者管理人應當承擔侵權責任；但是，能夠證明損害是因被侵權人故意或者重大過失造成的，可以不承擔或者減輕責任。

第一千二百四十七條　禁止飼養的烈性犬等危險動物造成他人損害的，動物飼養人或者管理人應當承擔侵權責任。

普法講堂

　　飼養的動物造成他人損害的，動物飼養人或者管理人應當承擔侵權責任。但如果能夠證明損害是因被侵權人故意或者重大過失造成的，可以不承擔或者減輕責任。所以對於受害人不顧寵物飼養人提醒警示，主動招惹、逗弄動物而造成的損害，寵物的飼養人或者管理人是可以不承擔或者減輕責任的。例外的情況是，禁止飼養的烈性犬等危險動物造成他人損害的，不管受害人是否有故意或者重大過失，動物飼養人或者管理人都應當承擔侵權責任。

15. 遊客無視警示勸阻擅自行動被動物襲擊，動物園需要承擔侵權責任嗎？

《中華人民共和國民法典》

第一千二百四十八條 動物園的動物造成他人損害的，動物園應當承擔侵權責任；但是，能夠證明盡到管理職責的，不承擔侵權責任。

我被你們動物園的老虎咬傷了，你們必須賠償！

是你不顧警示，不聽勸阻，擅自下車才造成這種後果，動物園不承擔侵權責任。

禁止遊客下車

普法講堂

遊客無視動物園警示，不遵守園區規定，在動物園被動物襲擊造成損害，如果動物園方能夠證明已經盡到管理職責的，不承擔侵權責任。

16. 被高空拋物墜物砸傷，應該找誰索賠？

《中華人民共和國民法典》

第一千二百五十四條　禁止從建築物中拋擲物品。從建築物中拋擲物品或者從建築物上墜落的物品造成他人損害的，由侵權人依法承擔侵權責任；經調查難以確定具體侵權人的，除能夠證明自己不是侵權人的外，由可能加害的建築物使用人給予補償。可能加害的建築物使用人補償後，有權向侵權人追償。

物業服務企業等建築物管理人應當採取必要的安全保障措施防止前款規定情形的發生；未採取必要的安全保障措施的，應當依法承擔未履行安全保障義務的侵權責任。

發生本條第一款規定的情形的，公安等機關應當依法及時調查，查清責任人。

普法講堂

　　為了保障人民群眾"頭頂上的安全"，《民法典》進一步完善了高空拋物墜物的責任規則。首先，明確規定禁止從建築物中拋擲物品。其次，拋擲物品或墜物造成他人損害的，侵權人依法承擔侵權責任；難以確定侵權人的，由可能加害的建築物使用人給予補償，之後發現侵權人的，有權向侵權人追償。再次，增加規定公安等機關應對高空拋物事件及時調查、查清責任人。確定責任人之後，由責任人依法承擔侵權責任。最後，還補充規定物業服務企業等建築物管理人應當採取必要的安全保障措施防止此類行為的發生，否則應當依法承擔相應的侵權責任。

責任編輯：江其信

書籍設計：道　轍

生活中的民法典：看圖學法

編　　者	中華人民共和國司法部普法與依法治理局
出　　版	三聯書店（香港）有限公司
	香港北角英皇道 499 號北角工業大廈 20 樓
	Joint Publishing (H.K.) Co., Ltd.
	20/F., North Point Industrial Building,
	499 King's Road, North Point, Hong Kong
香港發行	香港聯合書刊物流有限公司
	香港新界荃灣德士古道 220-248 號 16 樓
印　　刷	寶華數碼印刷有限公司
	香港柴灣吉勝街 45 號 4 樓 A 室
版　　次	2021 年 2 月香港第一版第一次印刷
規　　格	大 32 開（140mm×210mm）232 面
國際書號	ISBN 978-962-04-4768-6
	© 2021 Joint Publishing (H.K.) Co., Ltd.
	Published & Printed in Hong Kong

原著作名	《生活中的民法典：看圖學法》
原出版社	中國法制出版社
作　　者	司法部普法與依法治理局

本書由中國法制出版社有限公司正式授權由三聯書店（香港）有限公司出版中文繁體字版本。非經書面同意，不得以任何形式任意重製、轉載。